邛崃文物图志

不可移动文物

（下）

成都市地方志编纂委员会办公室
邛崃市地方志编纂委员会办公室　编
邛崃市文物保护中心

四川大学出版社
SICHUAN UNIVERSITY PRESS

塔·字库

塔起源于古代印度,原是佛教高僧的埋骨建筑,名为 stupa(窣堵坡)。随着佛教传入中国,塔在中国也发展成了有着特定形式和风格的传统建筑,以四方形、六角形居多,层数一般为单数,大体可分为楼阁式塔、密檐式塔、亭阁式塔、金刚宝座塔等。字库则属于塔的一种,四川叫字库或惜字宫,它是古人专门用来焚烧字纸的建筑,通常建造在场镇街口、书院、寺庙之内和道路桥梁旁边。

石塔寺石塔

石塔寺石塔(宋)

石塔寺石塔位于高何镇高兴村石塔寺内。由僧安静主持,始建于南宋乾道四年(公元1168年)秋,完工于乾道九年(公元1173年)春三月。寺原名大悲院(寺),塔原名释迦如来真身宝塔。因整座塔全部采用红砂石雕砌而成,故名石塔。后代将寺名亦改称石塔寺。

大悲院始建年代应早于石塔。南宋乾道四年建塔时重修。石塔坐北向南,位于寺山门前8米的中轴线上,保留了早期寺庙以塔为中心布局的遗制。

须弥座

塔为十三级（层），密檐式实心塔。平面呈四方形。通高17.8米。塔基底边长5.5米。石质塔基几形座四圭脚呈漩涡纹上卷，其上置两重高大的须弥座，总高2.55米。下层大，上层小。两重须弥座束腰部分，每面各开壸门三个，浮雕莲纹、宝相花纹及缠枝纹、卷草纹。上层须弥座束腰四角各刻一兽头，状若辟邪，为国内古塔中罕见。在须弥座上起第一层方形塔身，第一层石制塔檐宽大如雨篷，平面呈正方形，边长约5米，由十二根八棱石柱从须弥座向上支撑。柱头和塔檐下每边施石刻栌斗七朵。石制普柏

释迦如来真身宝塔匾

枋上刻缠枝纹，石柱下有仰覆莲石础，石柱总高2.4米。石柱与第一层塔身间构成附阶回廊。"在高大的两重须弥座上设附阶回廊，为国内古塔中少见"（罗哲文《石塔寺石塔》）。第一层塔身以上，出密檐塔身十二级（层），石刻挑出短檐，每层四面各开圆拱形佛龛三个，内雕坐佛一尊，共计144尊。塔身佛龛间楷书阴刻《大悲咒》《观音经》和《地藏本愿经》三部（残）。塔刹为三重覆钵之上，仰莲承托石宝珠。塔身中段微凸，外观线条挺拔如梭柱，保留了唐代密檐塔的形制，完整表现了唐宋时期中国密檐式佛塔之美。在现存中国古塔中，尚有安徽歙县十（北）寺塔（宋塔）可与之媲美。

第一层塔身四方龛门上各刻有竖式塔匾一块，正面（南面）匾两行直排楷书阴刻"释迦如来真身宝塔"八字，上款为"大宋壬辰乾道八年秋兴建石塔僧安静记"，下款为"左迪功郎县尉主簿王党书"。寺内存清咸丰三年（公元1853年）重刊古志碑一通，红砂石质，立式，1米×0.35米。阴刻楷书碑文共19行566字，为清重刊明正统（公元1436—1449年）年间僧荣昌培修大碑（悲）院纪事碑，明确记录了建塔原委和时间。2014年12月18日维修塔顶时新发现宋碑一通，由碑记与塔匾相印证，石塔始建于南宋乾道四年（公元1168年），乾道九年三月（公元1173年）竣工。据调查资料和罗哲文《石塔寺石塔》记载，塔下四方原有石刻四天王像四尊，寓意天王托塔，今已不存。

1980年7月，四川省人民政府批准公布为四川省文物保护单位。

2001年6月，国务院批准公布为全国重点文物保护单位。

附录一：敕赐邛州火井县礼泉乡永宁里镇西山大悲院石碑序[①]

大宋国西蜀郡邛州火井县，往往螟蝗叠生，田禾损伤，五谷不熟，人民饥窘，殊为难堪。幸值宋之乾道四年戊子[②]，有僧安静方游而来，驻锡于山。赵见群风四起，赫然有光，僧徘徊久之，喟然叹曰："此乃无佛圣所居，故妖氛得以作祟耳。"因舒慧眼，独踞胜地，于此会众而言曰："此处可建宝塔，赞扬圣教，修明佛法，以镇压此境。庶五谷丰登，人民安阜，而火井一代（带），尽可安耕乐业也。"于是，县宰耆老布告众人，无不欣然乐从。县宰议之，申奏朝廷，十月本行。乾道五年[③]三月十五日，本奏螟蝗损失，田禾一耗虫伤，有种无收，田粮亏缺，人民不安，兴修佛塔，保合太和，稼穑兹茂，五谷丰登事。圣批："朕闻佛塔佛教，助国化乡，准奏。"九月初一，本回到县④。敕赐化士僧安静用工兴修宝塔十三层，正佛殿大悲尊相。塔上刻《大悲神咒经》一部、《观音经》一部、《地藏本愿经》一部三卷，一百四十八尊佛，四天王四尊，以压西山妖风。至是妖风不作，螟蝗不生，而井属稼穑待以告成，人们于以安业也。每年值春二月，井属人民同来此院，兴设五谷大斋，以酹佛德，祈保禾苗，此皆安静禅师之力也。然自宋之乾道以至明之正统，已成一千二百余年矣。又有僧云(荣)昌号隐山者，云游四方，于火井九顶山驻锡。闻有大悲院，乃佛圣之古迹，敕赐建修之古刹也。见寺殿凋零，塔顶毁败，适值钦奉诏书内凡各处圣神寺院，系于古迹，但有损失，即便用工修补。是以隐山睹见古圣浮图，将自己衣食之资，竭志用心修整金楼宝藏、正殿、释迦圣像石佛一尊、僧廊、龙神堂殿宇。效力三年，功始告竣。勒石成碑，以为悠久不忘之记。昭示后来，得辨其详云尔。

注：①该碑为明正统（公元1436—1449年）年间僧荣昌培修大碑院纪事碑。考碑铭及宋代建塔始末，当是明代重刊古志。现存之碑为清代咸丰三年（公元1853年）春重刊明碑。现存高何石塔寺。
②乾道戊子，即乾道四年，公元1168年。
③乾道五年，即公元1169年。
④本回到县，皇帝御批文本到达火井县。据碑与塔铭互证，释迦如来真身宝塔始建于乾道四年（公元1168年）秋，成塔于乾道九年（公元1173年）三月。

附录二：重刊古志碑后记①

咸丰三年②，岁在癸丑暮春之初，会于火井石塔之禅院修斋筵也。是日也，众姓毕至，少长咸集，坐设此斋。多有不知其本来者，因访住持本宽，在此寺经理，应知其详。本宽指众而言曰：有旧碑在。予见其碑已损坏，字迹模糊，因不揣鄙陋，仿佛碑之详细亦并记之，重刊石碑于寺，以志不朽，以昭将来，非好为多事也，盖以使后之修是斋，也将有鉴于斯文。

马乐岩张寿林

靖口　王月第

重刊古碑值修斋首事高兴场高万喜同

石匠冯登元　一根崇高康荣书

住持本院　杨家坝杨明贵

注：①此碑位于石塔寺大殿前，为重刊《大悲院石碑序》之后记，原碑无标题。

②咸丰三年：即公元1853年。现存重刊古志《大悲院石碑序》，即重刊于咸丰三年。

附录三：释迦如来真身宝塔纪事功德碑（正面）

大宋国西蜀郡益州路邛州火井（县）礼泉乡永宁里，敕赐大悲院僧安静，年命丙申，五十八岁，七月丙申十六丁未日，戌申时生。先于乾道四年戊子，自舍裹钵切（砌）造佛塔一所，镌刻《地藏本愿经》一部三卷，《观音经》一卷，《大悲神咒经》一卷，四天王四身，一百四十八身佛。愿乞果报所生，见在如意。誓愿皈依诸佛，长在如来会上。同小师法超，年三十七岁，六月二十四日生，求乞法寿长远及追拔亡辶母亲田氏庆娘，早生天界。同助缘男弟子姚彦明同在堂母亲樊氏安寿娘．妻任氏、程保娘、惠娘、圆娘、男姚兴宗、女弟子向氏珍宝娘、男姚兴庆，寿命长远，所在如意，家宅兴旺，门业所归。以乾道九年癸巳三月十（廿）三日，水开大吉，上塔顶宝珠头、舍利佛牙等。砌造石塔僧安静谨记。

有宋眉州丹棱县富寿乡忻悦里住，奉佛男然才志，年五十六岁，戊戌生，壬戌月十六乙未日丙子时生。男然厚年二十四岁，丙子月，廿九日辰时生。会遇砌造佛塔，刻佛书、佛像、天王等，伏愿世代诸佛获佑，龙华三会早愿相逢。谨记。

说明：①碑为红砂石质，方形，宽0.38米，高0.38米，厚0.05米，楷书竖排阴刻，18行共309字。碑名为抄录者添加。

②此碑为 2014 年 12 月 18 日 "4·20" 芦山地震后，维修保护施工时，于塔顶天宫中新发现。石塔之始建及完工年代也依此碑重新订正。

释迦如来真身宝塔纪事功德碑拓片

附录四：纪事功德碑（背面）

邛州火井县新城乡清和里居住。奉佛男弟子杨资深，元命乙未三月十日生，同妻室费氏喜娘，元命癸巳六月二十八日生，男坤臣，女杨氏千一娘，继女费氏延娘，女夫封炳、李宥，外孙男封竟宁、竟坚，外孙女封朱庆娘，一宅长幼等，同发心舍施佛牙一座并银合子、铁铃四个在大悲院石塔顶内，永镇宝塔，永乞一宅安乐，寿命长远。当，当来世福报。具足。癸巳乾道九年三月二十三日，大悲院兴建石塔化士僧安静，同化小师法超等谨记。

说明：此为同碑背面，楷书直排阴刻，9 行共 168 字。碑名为抄者添加。

附录五：大悲院石塔塔铭

1. 上款：敕赐大悲院兴建石塔，僧安静谨记。
   塔铭：释迦如来真身宝塔。
   下款：左迪功郎县尉、主簿王觉书。
2. 上款：大宋壬辰乾道八年秋兴建石塔，僧安静记。
   塔铭：释迦如来真身宝塔。
   下款：左迪功郎县尉、主簿王觉书。

说明：匾为红砂石质，位于塔身第一层四方塔门上方。匾一为东、北、西三面塔匾内容；匾二为南面（正面）塔匾内容，上款有年号。皆直排楷书阴刻。乾道八年为南宋孝宗年号，即公元1172年。

附录六：邛崃大悲院石塔建筑艺术

胡立嘉

四川省文物保护单位邛崃大悲院石塔，位于邛崃城西45公里处高何镇西山南麓高兴村（又名石塔村）大悲院（寺）前。寺因有石塔，又名石塔寺。塔在寺的山门外10米处，座向北偏西。原名释迦如来真身宝塔，因塔全部用红砂石雕刻砌筑而成，故又名石塔。

寺中现存一通清咸丰三年（公元1853年）重刊古志碑（红砂石质、立式100厘米×35厘米，共19行566字），为重刊明正统（公元1436—1449年）年间僧荣昌培修大碑（悲）院纪事碑，碑载："……宋之乾道四年戊子（1168年），有僧安静，游方而来，驻锡于山。赳见群风四起，赫然有光……喟然叹曰：'此乃无佛圣所居，故妖氛得以作祟耳。'因舒慧眼，独踞胜地，于此会众而言曰：'此处可建宝塔，赞扬圣教，修明佛法，以镇压此境。'"遂于乾道四年十月和乾道五年三月十五先后两次申奏朝廷。"圣批：'朕闻佛塔佛教，助国化乡，准奏。'九月初一，本回到县（火井县——笔者）。敕赐化士僧安静用工兴修宝塔十三层，正佛殿大悲尊相。……"碑文清楚地记述了同时兴建石塔和寺庙的原由、时间以及创建人。

石塔为十三层密檐塔，通高约17.8米，平面呈四方形。塔下为一方

石刻花卉图案

几形素面石基台，边长 5.5 米，露出地面部分高 0.46 米。基台上置一石刻方形几座，素面、圭脚，脚边长 5.5 米，上边长 4.83 米，高 0.9 米。几座上砌两重高大的仰莲须弥座，下重大，上重小，通高 2.55 米。这种将须弥座置于几形石基台上的形制，为国内现存石塔中少见。底层须弥座边长 4.3 米，高 1.6 米。束腰边长 3.6 米，高 0.8 米。束腰每面刻三个壶门，南面中间为一佛龛，左右分刻两幅浮雕宝相花。其余三面各浮雕斗方缠枝纹、莲纹图案三幅。造型繁简相宜，线条精练流畅。其中一幅莲荷图极尽写实之功力，实为不可多得的艺术精品。束腰之上刻宽大莲瓣一圈。上层须弥座底边长 4.3 米，上边长 4.5 米，高 0.9 米。束腰边长 3.8 米，高仅 0.3 米。束腰处每面刻壶门三个，每面刻横披缠枝纹、卷草纹浮雕图案三幅。束腰四角各置一镇角兽兽头，状若辟邪，亦为国内塔中罕见。束腰之上沿边浮雕莲瓣一圈。须弥座上置一小平座，平座正中石砌第一层四方形塔身，边长 1.95 米，高约 2.8 米。每面正中辟一长方形佛龛（1.2 米 ×0.6 米），龛门上方各竖石匾一块，中间阴刻楷书两行："释迦如来真身宝塔"。字体清逸劲健，有唐楷之风。东、北、西三面的石匾上款为"敕赐大悲院兴建石塔僧安静谨记"，下款为"左迪功郎县尉、主簿王觉书"。而南面一块石

塔身佛龛造像

龛上款则有"大宋壬辰乾道八年秋兴建石塔僧安静记",提供了石塔建造的可靠年代:石塔始建于南宋孝宗乾道五年(公元1169年),经修三年,成塔于乾道八年(公元1172年),乾道九年(公元1173年)告竣。

第一层石制塔檐宽大如雨篷,上部叠压在第一层塔身与第二层塔身之间。平面亦呈方形,边长约5米,四只翼角微翘。塔檐挑出塔身甚远,盖出上层须弥座。在第一层塔身佛龛上部,四面叠涩八级挑出,与十二根八棱石檐柱及石挑檐檩共同支托第一层宽大的雨篷式塔檐。每边普柏枋上施石刻栌斗七朵(柱头栌斗四朵、辅间栌斗三朵)。额枋上各刻缠枝纹浮雕横披三幅。八棱檐柱下置三重柱础。下层为方形素面石础(边长0.31米),上两层为石刻仰覆束腰莲座(高0.28米)。檐柱总高2.4米。挑檐下则是附阶回廊。三间四柱,当心间宽1.2米,两次间宽1.15米。此塔在高大的须弥座上设附阶回廊,并在其上覆以如此宽大的雨篷式塔檐,实为国内现存古塔中所少见。

第一层雨篷式塔檐以上,出密檐十二层。塔身层高约0.5米,用石刻叠涩挑出短檐。二至六层,每层叠涩四级出檐。七至十三层,每层叠涩三级出檐。二至十三层塔身,每层四面各刻圆拱形佛龛三个,龛内浮雕坐佛一尊,计144尊佛。一至十三层塔身共148尊佛,与重刊古志碑记载相吻合。塔身各层收分悠缓,从第二层至第六层,每层逐渐增大;而从第七层至第十三层,每层又逐渐收小。塔身中段微凸,使整座塔的外轮廓呈梭柱型,显得格外挺拔秀丽。塔刹为石刻覆钵三重,上有仰莲承托石宝珠。

此塔除在高大的须弥座上设附阶和宽大的雨篷式塔檐外，继承了唐代密檐塔的基本风格，与邛崃磐陀寺唐代元和十五年（公元820年）摩崖造像石窟外两侧高浮雕（三面雕）十三级密檐塔极其相似。塔为四方形，塔下有一须弥座。第一层塔身特别高，约占通高的四分之一。塔身中部辟一圆拱形佛龛，内刻坐佛一尊。塔身转角处各刻一力士。以上出密檐十二层。塔身中段微凸，整个外轮廓呈梭柱形。塔刹底部作须弥座，上有莲瓣承托石宝珠。这一浮雕石塔，与重刊古志碑所载大悲院释迦如来真身宝塔基台四方原分立有四天王之说相符，四天王像今已不存（邛崃境内平乐金华山唐代天宫寺摩崖造像中也多见此类塔型）。

细考这一独具特色的石塔造型，似可将其视为亭阁式塔与密檐式塔相结合的一种特殊形式。塔基台至第一层塔檐上部，约占通高的九分之四，比重甚大。其建筑结构的重要部分以及雕饰的重点精华，都集中在这一部分。所以，似乎可以这样认为，此塔实际上是一座建造在高大须弥座上的中国式仿木结构亭阁，而将其顶上加十二级密檐塔身，作为一个巨大华丽的塔刹，进一步突出了佛教意义上"刹"的象征，使之成为一座典型的亭阁式塔与密檐塔相结合的纯中国建筑风格的石塔。这种式样的古塔，现今虽为国内所少见，但从现存安徽歙县城外的宋代十寺塔（又叫长庆塔）和四川大足宋代石窟中可见相似塔型。从笔者考察的邛崃天台山灵空塔、应光宝塔（均为明塔）看，这是宋代以后比较流行的一种塔型。

至于塔基须弥座下部置于一几座上的造型，在国内一些珍藏于寺和寺塔中的微型塔上和现存的小型塔，诸如福州千福陶塔（北宋元丰五年烧制），以及闽南、粤东一带留存较多的球形塔——亭阁式塔的一种发展演变类型，如泉州开元寺球形塔（明塔），其塔基须弥座下部都设计为六脚或八脚形几座，从中都可以找到类似设计。另据重刊古志碑载："塔上刻《大悲神咒》经一部，《观音经》一部，《地藏本愿经》一部三卷"。笔者于第二至第三级塔身佛龛间拓得"观音经"（残），弥足珍贵。

此塔造型独特，石刻精美，保存完整。既有明确的寺塔关系（塔位于寺前，以塔为主的寺塔关系遗制），有修建原委及经过的记载，又有确切年代可考，不失为中国古代塔林中的一朵奇葩。

（原载《四川文物》1995年第1期）

回澜塔（清）

回澜塔位于临邛镇宝塔社区塔子村大南河北岸，原名镇江塔，初始建于明代万历四十四年（公元 1616 年）。曾由邑人明代万历进士杨伸题写碑文。明末崇祯十七年（公元 1644 年）毁于战乱。清乾隆五十九年（公元 1794 年）州牧徐世敏兴工重建未果。现存之塔为清同治六年（公元 1867 年）由州牧胡兴倬在原址重建，修至第八层因故停工。15 年后，复由州牧李玉宣于清光绪八年（公元 1882 年）起，续建第九至第十三层完成。光绪九年（公元 1883 年）竣工并更名为回澜文风塔，简称回澜塔。寓意"回邛州文风既倒之狂澜"，"振兴邛州文风"。

回澜塔为十三层攒尖顶六边形楼阁式砖塔，坐东向西。通高 75.48 米，平面呈六边形，底边长 6.1 米，塔身每层高宽比例匀称，逐层递减，收分明显，外轮廓呈阶梯状。外观线条挺拔雄伟。由大中小三个圆形、椭圆形串成葫芦形塔刹。为蜀中现存第一高古塔，全国第三高古代砖塔，列入"成都之最"。

塔下为红砂石塔基。塔底层西（正）面开圆拱形塔门。塔内一至八

红砂石塔基，圆拱形塔门

层砌塔心柱，塔心柱中间辟塔心室。室顶叠涩成覆盆形、覆斗形穹窿顶。塔心柱与塔身外壁间修有砖砌夹道，可盘旋至第九层。每近转弯处，则在塔身外壁开长条形方窗，一供采光，二可通风。九至十三层中空无塔心柱和塔心室。其中一个原因是一至八层为同治六年起所修；九至十三层为光绪八年起所续修。九至十三层每层铺木楼板，搭木梯沿边而上。塔身西（正）面每层开圆拱形小窗。九至十三层除背（东）面不开窗外，其余五面均开圆拱形小窗。

一至八层为清同治六年始建造，可见塔身砖上有"同治六

平面呈六边形

塔砖上的戳记

年官砖张记""同治六年周恒昌官砖""大清同治六年陈国仲官砖""张记官砖""旦记""丁卯（同治六年）刘润亭官砖""顺江号""同仁合号"等戳记。九层以上可见塔砖上有"大清光绪八年州牧李玉宣修竟"篆书戳记。其建筑设计合理、结构严密、施工精良，历洪水、地震，逾百年而巍然屹立。

一至七层，每层正面塔窗上方嵌匾一块。楷书阴刻横排。每层依塔匾名，在塔心室后壁龛内泥塑历代先贤像供奉。

第一层匾名镇江塔，塑春秋吴越名将镇江王伍子胥（员）像；

塔内砖砌甬道，可盘旋至第九层

第二层匾名"福禄来崇",款署"光绪九年李玉宣",塑文财神范蠡像;

第三层匾名"江汉朝宗",塑义薄云天的蜀国名将武圣夫子关羽像;

第四层匾名"德被全川",塑整治水患、功垂千秋的李冰、二郎父子像;

第五层匾名"三元鼎峙",塑宋代大文豪苏洵、苏轼、苏辙像;

第六层匾名"科甲绵延",塑北宋宣和年间四川第一位状元,天之骄子冯时行像;

第七层匾名"孝友精忠",塑宋代民族英雄武穆岳飞像;

第八层无塔匾,壁龛塑魁星点斗,独占鳌头。

集"祛患、致业、守成、崇贤、尚哲"主题思想于一塔,集中塑造中国历史文化精英,寓意文风继往开来,"养天地正气,法古今完人"。

塔下北20米有大悲(碑)庵,始建于明代万历四十四年(公元1616年)前后,毁于明末战乱。清代和民国年间均有重修。自20世纪30年代至80年代初改作学校。1992年移交文物部门管理,复原维修并对外开放。详见《古建·寺庙·大悲庵》。

1980年7月,四川省人民政府批准公布为四川省文物保护单位。

1982年3月,邛崃县人民政府批准公布为邛崃县文物保护单位。

附录:回澜塔建造特点

胡立嘉

回澜塔又名镇江塔,位于邛崃城东南四公里的宝林塔子村,全名回澜文风塔,名列"成都之最"。

据史载,此塔是清代在明代"镇江塔"的塔基原址上重建的。据笔者考证,乾隆末年州牧徐世敏建而未成,毁于嘉庆初年。现存之塔是清同治六年(公元1867年)起,州牧胡兴倬在乾隆末年建塔原址上重修,修到第八层半途而辍。其后,光绪八年(公元1882年),复又由州牧李玉宣从第九层修到第十三层,于光绪九年(公元1883年)全部竣工。并非所谓"回澜塔是经三朝160年修成"。

此塔为十三层楼阁式砖塔,东西向,通高75.48米。从目前有准确实测数据的古塔资料看,就其高度而言,回澜塔为全国第三高砖塔。塔平面呈六边形,边长6.1米。基台高出地面部分用红砂石砌成,高0.8米。塔

回澜塔虽立于河心沙碛之上，但因施工精良，逾百年而安然无恙

身第一层至第三层层高较高（约占通高的三分之一）。以上逐层递减，每层层高与边长比例匀称。塔身逐级收分明显，外轮廓线呈阶梯状，使塔的外观极其挺拔雄伟。塔檐叠涩四级挑出短檐，唯第六层为叠涩五级出檐。攒尖顶上置刹座，其上置三重葫芦形塔刹，式样别致。

塔底层西面辟圆拱形塔门，高1.96米，宽1.07米。塔门甬道长2.7米，宽1.4米。甬道中间顶部叠涩五级做覆盆形藻井（1.1米×1.1米）。塔内砌六边形塔心柱，塔心柱中辟方形塔心室，边长3.3米，四角置半圆形角柱四根。东面壁上开一圆拱形佛龛。顶部叠涩七级做覆盆形藻井。塔心室北面有甬道连接塔心柱与塔身之间的砖砌夹壁梯道。梯道宽0.65～0.77米，顶部做人字拱，盘旋而上至第九层，共236级。

值得注意的是，底层塔心室不在塔心柱中心，而是偏向西面约0.8米，使塔心柱东面有足够的宽度，以利第二层塔为盘旋式夹道布局。这样一来，三层以上辟于塔心柱中心的塔心室与底层塔心室，从南北两侧看，便不在同一条中轴线上，从而增强了塔的抗震力。

塔第二至八层西面均开一圆拱小窗。塔心柱中心辟方形塔心室，内边长逐层稍有缩减。东壁也均为一佛龛。塔心室顶部及塔心室甬道与夹壁梯道结合处顶部，均用砖叠涩做覆盆（或覆斗）形藻井。第二至五层塔心室四角砌角柱四根。第六至八层塔心室无角柱。

第九层不砌塔心柱，而用砖将第八层塔心柱封顶，成为平台，平面呈六边形，内边长 2.5 米。第九层以上，东面塔身内壁均为一圆形佛龛，其余五面开圆拱形小窗。从第九层起改为沿边木梯而上。十至十三层均为中空，每层置木板平台。第十三层六边形平台的内边长仅 1.2 米。塔顶叠涩七级作覆盆状穹窿顶。

第九层以上塔身内壁可见明显收台。塔身内壁转角处施以角砖连接，以增强其拉力。塔身壁厚度不一，约为 1.3～1.6 米。以上几种情况，应是前次施工中断，两次重修间隔时间较长等原因，所以在以后继续施工时，做了某些局部的修改。

为了解决塔内通风和采光，除了第二至八层塔身西面开小窗（底层辟塔门）正对塔心室外，每层又沿梯道盘旋，在塔身其余五面开条形气窗（约 0.8 米 ×0.4 米），外观气窗排列呈螺旋状。九层以上因不砌塔心柱，改为中空平台，均五面开窗，使塔内通风良好，光线充足，也便于游人眺望。

此塔第一至七层门（窗）额匾为："镇江塔""福禄来崇""江汉朝宗""德被全川""三元鼎峙""科甲绵延""孝友精忠"。原第一至七层塔心室佛龛则依匾额内容分别供奉镇江王伍子胥、文财神范蠡、武圣夫子关羽、川主李冰、三苏、北宋状元冯时行、鄂王岳飞（曾毁，今依照原样重塑），充分体现了修建回澜文风塔的主旨。

建塔所用砖是特制的，尺寸较大（38 厘米 ×19 厘米 ×10 厘米）。第一至八层可见"杨记官砖""同治六年官砖张记""大清同治六年陈国仲官砖""同治六年周恒昌官砖"等数十种戳记。第八层以上可见"李元兴"戳记。第十一层以上有"光绪八年州牧李玉宣修竟"（篆书、阳文）十一字戳印。其中，第十一层有一块塔砖上"光绪八年州牧李玉宣修竟"戳印上复叠印有"李元兴"三字印，由此可以断定"李元兴"记砖同为光绪八年所造。这些塔砖不仅为我们提供了塔砖的来源，而且为我们提供了两次修塔和成塔的确切年代，成为研究此塔珍贵的实物资料。塔身用白灰浆砌筑，施工精良，因而此塔虽立于河心沙碛之上，历经风雪、洪水和地震等自然灾害的侵袭，逾百年而安然无恙。

（原载《成都文物》1993 年第 2 期）

兴贤塔（清）

兴贤塔位于牟礼镇兴贤社区（原兴贤镇）新街口。始建于清道光六年（公元1826年）八月，成塔于道光八年（公元1828年）七月。坐南向北，青砖仿木结构攒尖顶三重楼阁塔式建筑。通高13.5米，平面呈六边形。全部采用青砖、素陶雕和低温琉璃五彩砖构件砌筑而成，为民间文昌信仰之惜字库，简称字库。

兴贤塔基为六边形，边长2.65米，高0.65米。素陶砖雕包砌，每面砖雕如意卷云纹、蝙蝠纹。六角各置一高浮雕龙头。

其上置六边形须弥座，边长2.5米，高0.4米，束腰处五面分嵌砖雕夔龙、丹凤朝阳和卷草纹等。束腰正面砖雕"鲤鱼跳龙门"一幅。须弥座上置一平座，每边开壶门三个，中间隔以间柱，分嵌砖雕琴、棋、书、画、福、禄、寿、喜等吉祥图案。六角置六根方形角柱，柱上立狮、象等陶雕（今已毁）。平座上口外沿置覆莲瓣一圈。塔基总高2米。其上起三层塔身。

第一层塔身和六根角柱共同承托第一层塔檐。塔身正面下部开一小龛，内供神像一尊，额题"彰善堂"。左右有刻联："纪功秉正；注册滋公。"龛上方又开一拱形门洞供

兴贤塔

第二层塔身局部

焚烧字纸之用。门洞刻联一副:"贮先贤废墨;存古圣遗文。"门洞上方覆以重楼门檐,中匾为"字库"二字,周围饰以陶雕花卉和"八仙"人物。檐下饰砖雕斗拱、花牙等。塔身东、南、西三面各嵌一块陶雕板纪事碑,记述了建塔原委、宗旨、时间和人物(附后),其余两面嵌陶板雕刻莲花图。

  第二层塔身正面辟假门,扇形匾额刻"仓颉殿"三字,两侧联文:"文章推作祖;情性发为花。"背面中间亦辟一假门,额题"文昌宫",两侧联文:"指出云霄路;分明桂籍篇。"十八根盘花檐柱支撑第二层塔檐。檐下饰斗拱、花牙。

兴贤塔铭

第三层塔身局部

　　第三层塔身在六根盘龙檐柱与塔身转角之间连接隔墙，形成六个开间。塔身正面开间内辟一拱形假门，扇形匾额题"兴贤塔"名，两侧联文："峰列清虚界；星辉最上层。"背面开间内也辟有假门，额题"观音阁"名。联文："莲开千古□；柳系一枝春。"（附注：当地地名曾叫兴贤、观音阁、观音，即由此塔得名。）檐下斗拱、花牙。三重檐上覆素筒瓦。十八只翼角高挑，饰脊兽。翼角尖上做花饰。攒尖顶上置仰莲塔刹座，刹已残。据调查，此塔刹原为莲座上一只宝蟾与一只蝉相叠，蝉须卷曲上扬。寓意蝉联、蟾宫折桂。

　　兴贤塔总体造型高宽比例匀称，三层收分明显，外形上小下大。塔檐连同斗拱比重较大而显突出，灵巧、挺拔秀丽中不失厚重。其砖雕装饰图案繁复，寓意深刻。将忠孝、彰善、文昌、观音、八仙等儒、释、道三教教义集于一塔，突出了崇尚儒学，弘扬中华传统文化的思想。

　　1982年3月，邛崃县人民政府批准公布为邛崃县文物保护单位。

　　1985年7月，成都市人民政府批准公布为成都市文物保护单位。

　　2013年9月，四川省人民政府批准公布为四川省文物保护单位。

附录一：兴贤塔铭（一）

邛州夙称文薮，代有贤才，原川省名区也。逮本朝而人文不及从前，或因镇江塔拆毁，风水败坏，故如是乎？今予等文、武官弟子，谋作中流砥柱，以回既倒狂澜。承众力赞勷，于此山水相交、龙脉归注之地，建修字库，名曰兴贤塔，以继镇江之芳踪，而培阖郡之风水。庶几，钟灵毓秀，科甲连绵，忠臣孝子，时出不穷；节妇义夫，挺生无已。千秋万世，永称地灵人杰，适符乎宝塔之名焉耳！

阎世琛撰

说明：该碑为陶板阴刻，竖式，0.73米×0.38米，嵌于塔身右一。简介建塔原委。

附录二：兴贤塔铭（二）

字迹当珍胜于珠玉。风水振饬，自起人文。古今来，名家巨族，其子弟每善读《诗》《书》《易》。登科甲者，岂聪明定有种、富贵定有根哉？大抵积德行善，兼以惜字迹，培风水，故得以钟灵而毓秀也。今予等文、武官弟子捐赀募化建修字库，名曰兴贤塔，盖取惜字迹而更培风水之意也！自此后，不惟断简残编有所归贮，而地灵人杰，科甲连绵，亦不卜可知矣！

本境文生阎世琛撰

说明：该碑为陶板阴刻，竖式，0.78米×0.42米，嵌于塔身背面一方。记叙建修字库的意义。

附录三：兴贤塔铭（三）[①]

是塔也，规模夺目，花卉周身，眠砖到顶，壮丽而坚致。于大清道光六年[②]八月起工，至八年戊子[③]七月告成。其功大费繁，固予等之首事而美善兼尽。可以永垂不朽者，实彭山巧匠贤弟兄之惨淡经营也！巧匠谁？何其姓，开俊其名也！

阎世琛撰

说明：①该碑为陶板阴刻，竖式，0.64米×0.32米，嵌于塔身左一。该碑记录了建塔时间和工匠姓名，弥足珍贵。

②道光六年，公元1826年。

③八年戊子，即道光八年，公元1828年。

附录四：三教合流的兴贤塔

胡立嘉

兴贤塔位于邛崃城区东北25公里处的原战斗乡（观音乡）场口，坐南向北，通高约16米。塔为仿木结构六角三重楼阁式琉璃砖塔。其建筑全部采用素陶雕砖、琉璃砖瓦砌成，又部分装饰以五彩。色彩斑斓，古朴典雅。据塔身碑铭记载，修建此塔是因为邛州"夙称文薮"，是"川省名区"，且"代有贤才"，但到了清代却感到"人文不及从前"。于是，"文、武官弟子谋作中流砥柱，以回既倒狂澜"，意欲"培闾郡之风水"，兴贤振文。故筹资建塔，取其名曰"兴贤塔"。据碑文明确记载，此塔始建于道光六年（公元1826年）八月，历经修造两年告竣，成塔于道光八年（公元1828年）七月。

塔下部为六边形台基，边长2.65米，高0.65米，用素陶雕砖包砌。每面刻如意卷云纹、蝙蝠纹。六角各置一高浮雕龙头。正面塔基下部施一券拱桥（供焚烧字纸时上下），有雕栏。基台上置六边形须弥座一重，以雕砖包砌，边长2.5米，高0.4米，束腰处分刻浮雕夔龙纹、丹凤朝阳及卷草纹。唯正面（券拱桥上方）束腰处刻"鲤鱼跳龙门"浮雕一幅,可见鱼、龙及波纹生动，刻工精美。束腰之上沿边刻如意纹一圈。其上为一六边形平座，亦为雕砖包砌。每边置壶门三个，中间隔以间柱，分刻琴、棋、书、画、福、禄、寿、喜等吉祥图案。六角有角柱，砖雕花卉包砌，柱上立青狮、白象陶雕（今已不存）。其上收台三级，上台沿边浅刻宽大覆瓣莲纹。塔基通高1.85米。

第一层塔身平面呈六边形，边长1.9米，高2.25米。塔身和六根琉璃圆形倚柱，共同撑托第一层宽厚的塔檐。塔身正面下部开一壶门，额题为"彰善堂"，左右对联："纪功秉正；注册滋公。"内设一圆拱龛，供石刻佛像一尊。壹门之上开一拱形门洞（作焚烧字纸用），沿门楣刻饰半圆形"二龙戏珠"浮雕图案。两侧阴刻一联："贮先贤废墨；存古圣遗文。"门额以上置重檐门楼，檐下施砖雕一斗三升斗拱（上重八朵，下重左右各三朵）。上重门檐与第一层塔檐翼角相连，浑然一体。门楼正中匾额题"字库"二字，周边饰以卷草纹和梅、菊等花卉浮雕。中间两根吊柱上悬刻"八仙"人物高浮雕。整座门楼雕饰十分精美。

第一层塔身其余五面各开一壹门，四边饰以回纹和角花。东、南、西三面壹门中间各嵌长方形碑记一通，记述了建塔的起因、宗旨和年代，均由"本境文生阎世琛撰文"。碑记字体隽秀，刻工精细，均为陶板镌刻。其余两面壹门中置陶雕莲荷花卉图案，构图灵巧，刻工精细。五面壹门上额枋砖雕"三国演义""封神演义"故事人物。第一层塔檐挑出塔身甚远。檐下六根吊柱饰琉璃火珠、仰莲。檐下饰砖雕一斗三升斗拱五十四朵，斗拱下饰五彩琉璃花牙。六只高翘的翼角雕饰精美，六条垂脊上饰陶雕脊兽。塔檐上施以琉璃筒瓦。

第二层塔身为六面实心，高约1.5米。正面塔身中间辟假门，扇形额匾阴刻正书"仓颉殿"三字，两侧联文："文章推作祖；情性发为花。"背面中间辟一假门，额题"文昌宫"三字，两侧联文："指出云霄路；分明桂籍篇。"塔身其余四面分别饰以陶雕圆形假花窗。檐下为回廊，有雕栏。十八根琉璃檐柱与塔身支托第二层宽厚塔檐。檐柱上分别雕饰盘龙和缠枝花卉。每边额枋上辟壹门三个，砖雕"二十四孝"人物故事。檐下饰砖雕斗拱五十四朵。斗拱下设花牙，饰琉璃五彩。六只翼角尽雕饰。六条垂脊上部做鳌鱼鸱吻，下部做龙头砖雕。塔檐上施琉璃筒瓦。

第三层塔身为六面实心，高仅1米。六根盘龙琉璃檐柱与塔身转角之间砌隔墙，形成六个壹门。塔身正面辟一拱形假门，扇形门额题"兴贤塔"塔名，两侧有联文："峰列清虚界；星辉最上层。"塔身背面壁假门，额题"观音阁"，两侧有联文："莲开千古口；柳系一枝春。"塔身其余四面分饰陶雕假花窗。檐柱下有雕栏。额枋上刻饰"状元回府"人物浮雕。檐下施砖雕斗拱五十四朵。斗拱下设装彩花牙。六根吊柱雕刻精美，脊上饰三重陶雕脊兽，檐上施琉璃筒瓦。六只翼角斜挑向上，十分雅致。三重十八只翼角下均雕饰珍禽异兽。惜攒尖顶、塔刹已残，仅存陶雕莲座和刹杆。据笔者调查，此塔刹原为陶雕莲座上一只宝蟾与一只蝉柜叠，寓意蟾宫折桂，蟾蝉相联，即蝉联。蝉的一对触须夸张地卷曲上扬，十分精彩。

兴贤塔在总体造型上，三层收分较大，外形上小下大。三层塔身高度比差甚大。塔檐连同斗拱比重更大，甚为突出（第一层塔檐连同斗拱与第一层塔身比约为1:1.3；第二层塔檐连同斗拱与第二层塔身比约为1.2:1；第三层塔檐连同斗拱与第三层塔身比约为2:1），显得厚重沉稳；而塔檐翼角上扬，轻盈精巧，颇见挺拔秀丽；其素陶砖雕极为精美生动，形式多样；五彩琉璃古朴斑斓，相互辉映，别具一格。就其塔的形制来讲，应是楼阁式塔与密檐塔相结合的一种类型。

此塔在塔基须弥座上刻有"鲤鱼跳龙门"图案，象征登科及第，而塔刹别具匠心地设计为莲座上蟾、蝉相叠，更加体现了"蟾宫折桂""蝉联不已""科甲连绵"的主旨。其"字库""仓颉殿""兴贤塔"塔铭、联文，以及所刻"三国演义""二十四孝""状元回府"浮雕故事人物等，都体现了崇尚儒学和宣扬忠、孝、节、义的儒家思想。彰善堂、观音阁、佛像、联文以及莲纹浮雕等都在一定程度上反映了佛教灭谛、道谛的基本思想。而以吕祖为代表的道教神仙之八仙造像，"封神演义"故事人物浮雕，则在一定程度上反映了道教思想。文昌宫之神文昌帝君也称梓潼帝君，乃文笔之神，虽为道教神仙，却历来为应科举之士所尊崇供奉。兴贤塔集儒、释、道三家教义于一身，充分反映了清代道释合流的特点，同时也突出表现了尊崇儒家的思想。

此塔造型典雅、陶雕精美、结构别致，集中反映了儒、释、道三教思想于一体，不失为一座清代多形式、多用途的建筑精品。

最后值得一提的是，嵌立于塔身东面的一块碑刻："是塔也，规模夺目，花卉周身，眠砖到顶，壮丽而坚致……其功大费繁，回予等之首事而美善兼尽。可以永垂不朽者，实彭山巧匠贤弟兄之惨淡经营也！巧匠谁？何其姓，开俊其名也。"将修造兴贤塔的何开俊弟兄在碑文中大书一笔，刻石留名，赞其为"永垂不朽者"。这种人文主义思想体现在兴贤塔上，是难能可贵的。

（原载《成都文物》1994年第1期）

云居塔（清）

云居塔位于临邛镇红岩子村，因该地有云居寺（已毁）而得名。坐东北向西南。六边形密檐式砖塔，残存五级。始建年代不详。邑人罗衡斋于光绪八年（公元1882年）所绘《川南第一桥图》，其上所标绘的云居塔即只残存五级，与今貌相同，据此推断，该塔当建于清代中晚期。红砂石砌筑塔基，底边长2.1米，高0.5米。塔残高13.7米。根据塔底面宽度与残高之比例推断，此塔原为七层。其顶上二层和塔刹已毁。

塔身条形青砖白灰浆砌。每级用青砖叠涩五层出檐，塔身下大上小，收分明显呈阶梯状。塔砖上可见"郑记官砖""官砖郑记""侯记号""张记号"等戳印，与隔河相对之回澜塔塔砖上的戳印相似，二者之间应有相互借鉴或诸如在同一窑场定烧官砖（塔砖）的内在联系。

底层塔身有龛无窗。第二层塔身四面开"亞"字形窗洞。第三层至第五层每层开圆拱形窗洞。从下往上，窗洞尺寸越小。此塔塔身表层曾用石灰粉白，今已剥落。

云居塔

灵空塔（明）

灵空塔位于天台山镇马坪村，天台山景区山上。始建于明代。二级四方形和尚墓塔，红砂石质仿木结构建造。底边长约4米。在条石基座上造高大的塔座，高约2.5米。两层中空。外层正面置门柱、门坎、门楣，石刻双扇雕花门，有门轴可以开关。门扇内外仿木门分四段刻钱纹等图案。门内约一米为内层塔心室（墓室），平面四方形，中空。内层塔心室前壁中间也安装有可活动的雕花石门两扇。门后为塔心室，室顶上条石叠涩三层做四方形藻井，四边起线，正中浮雕宝相花一朵。塔座顶上厚石板铺平顶两层，平面呈方形。上层平顶四周立石柱嵌栏板成栏杆，每面三间四柱。柱顶刻莲花，栏板上浮雕凤鸟、瑞兽等。栏杆之内起第一级塔身，平面呈四方形，边长约1米。第一级塔身下段为台基，其上石刻栏杆四间五柱。其上起塔身。塔身四面浮雕建筑大门、帐形门等。第一级塔身之上覆石制塔檐，刻瓦垅、翼角。塔檐上起第二级塔身。下段刻栏杆，三间四柱。其上方形塔身，四面浮雕建筑大门等如第一级塔身。顶上覆塔檐，其上置六边形塔刹座，以上残。灵空塔残高约6.7米。

灵空塔

崇嘏塔（清）

崇嘏塔又名荣华塔，位于火井镇银台村崇嘏山上。崇嘏山又名银台山、铜鼓山，因山上有黄崇嘏墓而改称崇嘏山。

崇嘏塔始建于清同治五年（公元1866年），坐西北向东南。五级（层）八边形攒尖顶仿楼阁式石塔。通高18.7米，底径4.5米，底边长1.7米。由须弥座塔基、五级（层）塔身和塔刹组成。第二、三、四层塔身正（东南）面辟拱形龛门。第二层有题刻："建塔同治五；巍峨应千古。"二层以上塔檐角上翘，塔身收分明显，外观呈阶梯状。底层塔身

崇嘏山遗迹

崇嘏山景

较高,第一、二层总高与第三、四、五层总高之比约为1:1。塔刹已损毁,仅存刹杆。此塔为纪念前蜀临邛女状元黄崇嘏而建。

塔近处半山腰有黄崇嘏墓,现存清光绪十六年(公元1890年)所立"王蜀女状元黄崇嘏之墓"墓碑一通。山下状元村有民国十一年(公元1922年)修状元桥及状元桥碑一通。桥碑为红砂石质,三间四柱。当心间碑帽为花冠形。两次间碑帽为庑殿顶,正脊外端刻鸱吻。碑心竖式阴刻楷书"状元桥"三个大字。四柱有两联。

联一:"觉路宏开,大众更行方便事;迷津普渡,往来都是自由人。"

联二:"青山结翠延词客;绿水平波过石梁。"

崇嘏塔(含黄崇嘏墓、状元桥碑),2002年7月,邛崃市人民政府批准公布为邛崃市文物保护单位。

2013年9月,成都市人民政府批准公布为成都市文物保护单位。

附录:火井荣华塔铭[①]

建塔同治五[②],巍峨应千古。
若欲问兴衰,火犬牛人走。
九九八十一,日月随后立。

勿谓吾多言，遗留崇嘏集。

莫毁吾功，再修吾功。

吾功若复，上格天衷。

大清同治六年十月志

说明：①塔铭位于塔旁肉身庙旧址。石碑高0.8米，宽0.5米，今已不存，据原始抄本录。

②同治五，即同治五年，公元1866年。

倪字库（清）

倪字库位于卧龙镇战斗村,小地名倪家村的小河边。为倪氏族人所建,故俗称倪字库。始建于清代晚期。坐东向西。三层（级）六角盔顶仿楼阁式砖塔。残高9.7米，底边长1.24米。底层为素面砖塔基，边长1.24米，高0.23米，其上砌束腰须弥座。塔身采用方砖和条砖混合浆砌，白灰勾缝。塔身正(西)面每层中间开一小龛,呈凸字形。龛门顶上有匾刻。第一层"惜

倪字库

字延龄"；第二层"同结善缘"；第三层"字库"。两侧联文已毁。每层以砖叠涩出檐，六个檐角上翘，檐上覆小青瓦。覆钵式盔顶，塔刹已残，仅存刹杆。

倪字库每级收分明显，外观呈阶梯状，比例匀称协调，线条挺拔。

2013年9月，成都市人民政府批准公布为成都市文物保护单位。

温字库（清）

温字库位于临邛镇邱店子村，小地名邱店子。该地曾多有温姓人家居住，字库为温氏族人为培植文昌风水而始建于清代晚期，故名温字库。字库近旁有清代温公墓花碑。

温字库为三层仿楼阁式砖塔建筑，平面呈六边形，坐东北向西南。残高6.6米，底边长0.95米。在砖砌须弥座塔基上起三层塔身。第一层塔身较高较宽，第二、三层逐层递减。每层用砖砌叠涩，多层挑出塔檐。檐角高挑，有灰塑。檐上覆小青瓦。盔顶。盔顶覆钵以上残，塔刹无存，仅余刹杆。塔身正（西南）面三层均辟龛门，有匾额和对联，现仅存第二层匾名"惜字宫"，其余皆残损。该字库体量虽小，但线条挺拔，高宽比例匀称，灵巧而不失稳重。

温字库

联升塔（清）

联升塔位于天台山镇土溪村（原属太和乡）土溪河边茶马古道高桥旁，为民俗文昌崇拜字库塔建筑，又名土溪村字库。

联升塔始建于清同治六年（公元1867年），坐北向南，四层盔顶仿木结构楼阁式塔石质建造，平面呈六边形。通高11.73米。塔基为红砂石须弥座，底边长1.5米，高1.5米。其上用红砂石砌筑四层（级）塔身。

塔身高宽往上逐层递减，收分明显。每层塔身外观为下大上小，整体呈斜直线锥形。红砂石叠涩挑出檐口，檐板和檐角用石料雕刻而成，檐角上翘。塔身正面每层假窗雕饰人物、花卉。覆钵式盔顶。盔顶之上起六脚六边形几案式刹座，座上置六边形须弥座，其上叠大中小三重石刻葫芦形塔刹。

塔旁东南2米处立桥塔碑一通。三间四柱三重檐五楼庑殿式石质建造。面阔2.2米，檐宽2.8米。当心间脊檐已不存，残高2.3米。正面为桥碑。当心间碑页高1.1米，宽0.72米。竖排阴刻行楷书"高桥"两个大字。上款竖排阴刻楷书"丁卯科举人高汝璠题"，下款"同治□□岁在己巳仲夏月望五日"。两耳碑为功德碑。桥为高氏族人所建，故名高桥。当心间额匾阴刻"熙来攘往"，内容与路桥相关。碑柱上阴刻行书一联："六经文字

字库旁的石刻夹鼓

均归库；万代簪缨定满门。"内容与字库塔相关。正面檐下碑身做斗形，满刻人物故事浮雕。庑殿式顶，檐角上翘，刻瓦当，无瓦垄。当心间脊檩无存。下重檐脊外端浮雕鸱吻。两根外柱下段置石刻夹鼓，鼓侧圆光内浮雕"五福临门"人物。碑身背面为字库塔碑，上下无雕饰。当心间竖行两排楷书阴刻"联升塔文字库"六字。左右两次间为纪事、功德碑。下款署清"同治八年"（公元1869年）。

联升塔这类实际只有四级塔身，连同塔座为假五级（层）的字库塔，在邛崃域内为仅有。其字库塔采用双数的原由及文化内

字库塔碑

涵有待考证。

高桥款署"同治己巳",即同治八年,公元1869年。

1982年3月,邛崃县人民政府批准公布为邛崃县文物保护单位。

2013年9月,成都市人民政府批准公布为成都市文物保护单位。

文笔塔(清)

文笔塔位于临邛镇文笔山村。文笔山又有称作南山。相对于白鹤山西塔而言,史料中又有将文笔塔称作南塔者。

文笔塔始建于清嘉庆末年,约公元1812年前后。其后倾颓。道光二十五年(公元1845年),太守朱东江命胡璠主持重修,胡璠作有《重修西南双塔记》。

文笔塔为七级(层)仿木结构攒尖顶楼阁式实心砖塔。平面呈六边形,塔刹已残。坐西向东,残高21米,底层边长2.3米。

20世纪80年代,为加固塔基,采用混凝土筑梯形台基围护。青砖

文笔塔

文笔塔顶

白灰浆砌塔身，每层用砖叠涩多层挑出短檐。第一级塔身比较高大，往上逐层收分。塔身高宽比例略显修长，线条挺直。无塔门，有窗洞。塔顶曾遭雷击残损。东北角局部开裂。2008年"5·12"汶川大地震后抢救性维修，并参照白鹤山西塔修复塔刹。

1982年3月，邛崃县人民政府批准公布为邛崃县文物保护单位。

西塔（清）

西塔位于临邛镇鹤鸣社区（原属南河乡）白鹤山上。山上有鹤林寺，故又称白鹤山塔或鹤林寺白塔。

西塔始建于北宋宣和庚子，即宣和二年，公元1120年。年久颓败。现存西塔为清道光二十五年（公元1845年），由胡璠主持重修之砖塔。坐东向西，七级（层）仿木结构楼阁式实心砖塔，平面呈八边形，通高18米，底边长1.6米。

塔基采用红砂条石砌筑成八边形束腰须弥座、素面。其上以青砖白灰浆砌七级塔身。每级采用多层叠涩挑出塔檐，

西塔

塔檐短而厚。盔顶。顶上置覆钵一重为刹座。刹座上串叠三个大小不同的陶罐而成葫芦形塔刹。

第一层塔身高大，以上逐层收分。高宽比例匀称，略显修长，外观清秀挺拔。无塔门，有窗洞。与同时重修的南塔风格接近，唯体量略小于南塔且平面为八边形。

据考证，西塔平面为八边形，应与白鹤山上有点易洞相关——西汉学者胡安曾于此点《易》、课徒授经；也与山上有临邛道士墓等道教文化相关。西塔是邛崃现存古塔中唯一的八边形塔。

1982年3月，邛崃县人民政府批准公布为邛崃县文物保护单位。

附录：重修西南双塔记[①]

清·胡璠

鹤林寺后有山名塔子山。山顶树株，百里外皆望见之。残砖满地，塔址犹存，不知毁自何年，亦未详建自何年也。文笔山塔，创自吾师杜吉庵先生应枚，架石为梁，空灵四照，甫三十年而塔顶欹斜，作槎枒状。

太守朱东江先生莅邛，谕璠等筹款修理，因延李珍亭游戎及诸善风鉴者审视，佥谓南塔经补，西塔尤宜修。吾友林春麓承雨，吴春帆江，极力赞成之。遂邀汤春甫镇戎占先、周卜濂游戎其昌，共襄厥事。

先修西塔，掘得遗砖，有"宣和二年庚子"[②]字号，始知西塔建自宋徽宗时。是否毁于兵燹，迄不得而详也。道光乙巳年[③]四月兴工，五月完竣。接修南塔，易石而砖，五月兴工，六月完竣。两塔约用工资千缗，而成且速者，皆诸人士踊跃赴义为之耳。

嗟夫，物之成毁有数。西塔阅七百余年而复修，南塔甫三十余年而亦复修，地运使然，即天运使然，璠与春麓诸公何力焉？

特序其原委，使后之君子有所考证云。是为记。

说明：①胡璠，字友予，邛州人，嘉庆丙子举人，善书能文。

②宣和二年，即公元1120年。

③道光乙巳年，即道光二十五年，公元1845年。

杜沟字库（民国）

字库位于道佐乡万福村山坡上。建于民国己未（民国八年，公元1919年）。三层仿木结构楼阁塔式石质建造。坐南向北，平面呈六边形。底边长0.85米，通高6.2米。六边形红砂石须弥座塔基。塔基之上六角起六根角柱，上下石穿枋搭建连接。柱枋之间嵌整块大石板构成塔身。塔身上口覆六角形石檐。檐上刻筒瓦、瓦垄、瓦当。瓦当刻吉祥纹饰。六只檐角上挑。第二层塔身从第一级石塔檐上起柱，做法同第一层。第三层塔身做法如同第二层。层层收分明显，下大上小，外观

杜沟字库

呈阶梯状。第三层塔檐用整石雕成，六只檐角高挑上扬。檐顶刻覆钵形刹座，座上置四重塔刹。底下第一层为四方形，每面开龛，各刻神像一尊，其下覆布呈三角形下垂。第二层为金瓜，第三层为宝瓶。刹顶为石宝珠。

塔身北面底层之下开帐形小浅龛。内刻一文官，头戴官帽，身穿朝服，腰束玉带，足蹬朝靴，双手扶膝而坐于方座上。龛楣上阴刻"字库"二字。塔身刻碑记一通。阴刻楷书竖式排列共六行。碑文："尝闻古者言之，本境地穴，水无亭（停）留，（故）培修龙脉地穴，兴旺、发富、发贵。杜姓众名人仁，与同会合，齐集商议，同心协力，以成其事。修竖字库，一塞水口，以培龙脉。本境丰荣，以敬圣贤之德。圣神永佑，百事吉昌，万载兴隆。民国己未年季冬月吉立。"左右塔柱上阴刻楷书联："虚阁清幽，观春夏秋冬景致；满亭潇洒，快琴棋书画情怀。"二层北面塔身开一浅方小龛，上口微弧。内刻一坐像，盘左腿，竖右脚，左手置腿上，右手持一物于右膝上。右肩上方刻喜鹊一只。龛楣上刻一折扇形匾额，阴刻楷书"人文蔚起"四字。左右塔柱上刻一联："塔如文笔，荣华义远；亭似府库，富贵绵长。"此联应是人们对这类字库塔意义最好的诠释。西侧塔身开圆拱形小门洞，供焚烧字纸之用。

康槽字库（清）

康槽字库位于天台山镇冯坝村，小地名康槽。字库建于清道光十年（公元 1830 年），为仿木结构单檐庑殿顶石质建造，平面呈四方形。字库建在底库之上。底库由红砂条石砌成四方形边墙，中空，其上以石板覆盖，边长 1.5 米，高 1.2 米。其上立四根石柱做字库角柱，与石枋

康槽字库

卯榫连接，形成框架。左、右、后三面封石板为墙，边长1米，高1.2米。顶上覆石刻庑殿顶。檐顶上刻出屋脊、瓦垄和檐角。正面方形门洞与底库相通，燃贮废字纸。通高2.4米。原正面左右角柱上贴有门柱，门柱上刻一联。现仅存右门柱。右壁开圆拱形龛，阴刻碑记一通。下款署"道光十年二月十八日立"（公元1830年）。

该字库上面部分建筑小巧，其下面空心之底库比例较高大，充分体现了字库燃贮废字纸的功能。

冯坝小字库（清）

冯坝小字库位于天台山镇冯坝村。始建于清代。仿木结构单檐攒尖顶四方亭塔式石质建造。四方形红砂石基础上置束腰须弥座一重。座上四块石板竖立做塔墙（身），四面围合。正面一块墙板中间开方形门洞，门洞上方左右角有斜撑。其上覆盖石板做门额枋。塔身有雕饰和钱纹。枋以上覆整石所刻檐顶，四方攒尖式。檐上刻出瓦垄和檐角。檐顶上置石质塔刹。刹座为四方形束腰须弥座，座上置葫芦形塔刹。葫芦束腰处刻绳纹。

字库底边长约1.1米，底座高约0.6米。须弥座上口边长约0.95米。字库塔身边长约0.85米。字库上段高1.2米，通高约1.8米。整个字库主体厚重，底座小巧且中部束腰，外形犹如一座带盖的奖杯，小巧别致。

冯坝小字库

牌坊·照壁

作为中国传统建筑中一种十分重要的类型,牌坊是封建社会为表彰功勋、科第、德政以及忠孝节义所立的建筑物。也有一些宫观寺庙以牌坊作为山门,还有的用来标明地名。牌坊也是祠堂的附属建筑物,昭示家族先人的美德和功绩,兼有祭祖的功能。

照壁为中国传统宫观、寺庙、民居建筑常用的一种处理手段,具有风水和遮蔽视线的作用。墙面若有装饰,则造成对景效果。照壁可位于大门内,也可位于大门外,前者称为内照壁,后者称为外照壁。

天台山石牌坊

天台山石牌坊及照壁(明)

石牌坊及照壁位于天台山镇马坪村,明代永乐寺前,原天台山朝山古道上。

牌坊始建于明代万历四十二年(公元 1614 年)。仿木结构红砂石质,三间四柱穿斗重檐三楼庑殿式建造。坐西北向东南。牌坊檐总宽 9.65 米。当心间宽 3.4 米,两次间宽 2.1 米。通高 8.7 米。四个长方形石柱基上起四根石柱。石柱横断面呈长方形,四棱倒角。当心间两柱长,两次间外柱稍短。当心间两根柱头顶上搭石质横梁。横梁下口刻仰莲大莲瓣。横梁上

牌坊上的浮雕

置石质大斗拱四朵。石斗拱之上平置石刻庑殿式屋顶，檐上刻瓦垄，檐口平直，刻瓦当，檐角微上挑。石脊，脊尾刻鸱吻，鳌尾呈"S"形高翘。左右两次间做法相同。石横梁内端用卯榫搭接在当心间石柱上，外端搭在外柱顶上。梁上置石斗拱各两朵，斗上覆石檐。左右两次间石脊外端刻鸱吻，鳌尾相对，呈"S"形。

三间阑额枋上方均置匾额。阑额枋下置镂空石雕雀替，枋上有雕饰。当心间阑额枋上，西北面浮雕花卉，东南面浮雕三佛二龙。两次间阑额枋上，西北面分刻鱼龙变化、鹿鹤同春。东南面分刻双狮绣球、双鹿浮雕。当心间横梁之上西北面浮雕十三佛，东南面浮雕一佛十八罗汉。两次间横梁正面、背面分刻花卉、瑞兽。

当心间西北面匾名"第一禅林"。从右至左横排楷书，铲边阴刻。上款楷书阴刻直排"天全六番招讨司正招讨使掌印妇宫刘氏为荫袭高基"，下署"皇明万历甲寅仲冬月辛丑立"。两次间为纪事碑。当心间东南面匾名"雪巢名胜"，楷书横排，铲边阴刻，款署"天全六番招讨使昭勇将军高雪单名胜"。两次间题刻人名等。左次间匾刻"天全六番招讨司先任正招讨使，功德王高文林，任官高勋，历代任官高继光、掌印太婆马氏、太淑人高氏、先夫任官高仲德，捐资重修殿宇、牌坊。妇官高承勋，正招讨使荫袭高基，本司舍人高堡"等。

四柱下部前后均有高大石鼓夹柱。夹柱一可增强建筑的稳定性，二可增加形式美。夹鼓中间二柱前后四个大，两边柱前后四个稍小，上口

红砂石砌照壁

作两瓣花形，上段弧曲线内收，下段鼓出刻圆鼓。鼓沿刻花饰等。鼓下刻方座，座上覆巾下垂。

该牌坊为天全六番招讨使司掌印妇官刘氏，为昭勇将军高雪而于明万历四十二年（公元1614年）所建造。昭勇将军，姓高，字雪，单名胜，故匾用藏头，称之为"雪巢名胜"，暗含其名号。

牌坊正前（东南）方8米处，同一中轴线上立红砂石砌照壁一通。横长10.6米，通高5.15米。照壁下部为石砌束腰须弥座。重檐三楼庑殿式仿木结构。石檐低平，上刻瓦垄、瓦当。脊尾两端刻鸱吻，鳌尾向上卷

"雪巢名胜"匾

照壁西北面中心浮雕长方形麒麟图

曲呈"S"形。檐角微向上翘。照壁西北面中心浮雕长方形麒麟图。麒麟鹿角、牛鼻、豹眼、狮尾、牛蹄、鱼鳞，侧身向左，回首仰天而立。前腿前伸，后腿微微屈蹲，脚下踏海浪。左上角刻祥云拱日，下为灵芝，右刻瑞草。照壁正面左右分刻圆形凸台一座，素面无纹饰。东南面中间刻方形凸台一座，左右分刻圆形凸台一座，素面无纹饰。现存1935年冬红军所留白灰书写"拥护苏联"楷书横幅标语一条，下署"卉义政治处制"。

照壁左右两侧面开光，楷书竖排阴刻题记，右有"崇祯辛未年"款。崇祯辛未即明崇祯四年，公元1631年。左有"天全六番招讨司正招讨使高基荫袭高宗胤"。

牌坊背面（西北）约10米处，山道两侧立石狮一对。蹲坐式高踞于长方形束腰须弥座上。面对东南，转头相对视，前脚直立，一左前脚（一右前脚）踏绣球，另一脚直立。后腿屈蹲。圆目，大鼻，阔嘴，口衔彩带，鬃毛卷曲。通高约2.5米。

牌坊西北150米处残存红砂石质二层重檐攒尖顶塔式字库，平面呈四方形。通高约1.8米。四根立柱方形，棱上起线。石板塔墙镂刻外圆内方钱纹。石檐刻细瓦垄、檐角微翘。塔刹为葫芦形宝顶。

该牌坊和照壁为邛崃境内规模最大、做工最精美、保存最完好的明代石牌坊、石照壁，对于研究明代寺庙附属建筑和邛雅地区少数民族、边防军事及其职官、土司承袭制度等，都具有很高的历史价值。

1985年7月，成都市人民政府批准公布为成都市文物保护单位。

2002年12月，四川省人民政府批准公布为四川省文物保护单位。

天池山中峰寺石牌坊（明）

石牌坊位于水口镇金山村，原牛心村。该地原有明代寺庙中峰寺。天池山在明清时期寺院众多，原有寺院、牌坊、造像今六多已毁。在文物调查中发现一座已毁于风灾的天池山石牌坊上残存有"佛会禅林""天池胜景"字样。

今存石牌坊为中峰寺前石牌坊，始建于明代。青石仿木结构重檐三楼庑殿式牌楼建造。坐西向东，面阔三间四柱6.8米，通高5.5米。素石柱基上起四柱，柱横断面为方形，四角倒棱。当心间两根中柱稍长，柱头搭

中峰寺石牌坊

石横梁，梁上立石刻斗拱七朵（当心间三朵，两次间各两朵）。斗拱上置庑殿式石檐。檐薄平而轻灵，檐上刻瓦垄。脊尾刻鸱吻，鳌尾直而高，仅在末端稍作卷曲。阑额上三间均有匾额。额枋上前后浮雕白马驮经、双狮绣球、麒麟、礼佛、十一佛、九龙浴太子和花卉等。阑额下均有镂空花雀替。匾额均为铲边阴刻。正面匾为"梵天灵绩"，款署"明万历九年"（公元1581年）。背面匾为"川南胜景"。两次间匾有"明月窟""祇陁（陀）园"。

牌坊四柱下原有夹鼓抱柱，今已失，仅见石柱上卯孔。石檐、

石牌坊浮雕局部

斗拱残损严重。该牌坊所雕刻人物、花卉、瑞兽十分精细。其造型和装饰与同时代的天台山石牌坊相似，是邛崃仅存的两座明代石牌坊之一。

天台山照壁及石狮（明）

照壁及石狮位于天台山镇马坪村，小地名正天台。原为天台山雷音寺前照壁及石狮。寺已毁（今有重建），仅存照壁及石狮一对。照壁与寺同建于明代。坐南向北。重檐三楼庑殿式石质建造。平面呈长方形，横长5.7米，通高3.2米，厚0.83米。照壁下部为红砂石束腰须弥座，其上石砌墙体，顶上置庑殿式石檐两重三楼。檐上刻瓦垄、瓦当。脊尾鸱吻上翘。檐口平直，檐角微翘。照壁整体造型横长，高宽比几近1∶2。

照壁后面（南）4米处分立石狮一对

明代石狮

照壁

（一只局部残），蹲踞于方形须弥座上。座高0.9米。石狮朝向南，前两腿直立，一足踩绣球，扭头相向，后腿屈蹲。通高1.8米。狮头略方正，圆眼、大鼻，张口龇牙，眉毛、胡须和鬃毛呈螺髻状，具有明代石狮风格。

照壁后面（南）约100米处（原寺内）尚存圆首大石碑一通，原有文字，今已风化，极难辨识，曾被后人误传为无字碑。碑高约4米，宽约2米。

临邛川南第一桥石牌坊（清）

牌坊位于临邛镇东南社区（原属渔唱村）大南河北岸，清道光年间所建川南第一桥桥头。原桥于光绪十四年（公元1888年）毁于洪水，仅存桥碑。光绪二十五年（公元1899年）复于原川南第一桥上游约50米处，新建三十三孔石平桥，仍名川南第一桥，简称老南桥或南桥。

牌坊始建于清道光十二年（公元1832年）。砖石混合仿木结构牌楼式建筑。坐东北向西南。三重檐五楼庑殿式顶，面阔三间四柱8.4米，通高9.85米。当心间宽1.82米，两次间各宽1.22米，高7.85米。四根红砂石柱直立到顶（当心间两柱稍高于两外柱）。柱下为石质束腰须弥座。

川南第一桥石牌坊

牌坊背面以青砖白灰浆砌

柱头上端搭条石额枋。额枋上置三层装饰性砖雕斗拱。斗拱之上覆庑殿式屋顶。素筒瓦屋面，施瓦当滴水，檐角高挑。砖脊灰塑。正脊上装饰砖雕双狮、鸱吻，中心立宝瓶式宝鼎，下承仰覆莲座。两次间外柱之外，又砖砌耳墙至两次间檐下。宽 1.5 米，通高 5 米。耳墙顶上做檐斗，其上覆第三重檐，素筒瓦、瓦当、滴水、砖脊灰塑，脊尾（外端）饰砖雕鸱吻。三间均嵌有红砂石匾额和碑页。

当心间横匾楷书阴刻"江流底定"。两次间匾分别楷书阴刻"康庄""利济"。匾额枋上下均嵌有砖雕人物等装饰。当心间嵌红砂石大碑一通，高 4.7 米，宽 1.82 米。竖行楷书阴刻"川南第一桥"五字，字大 0.86 米 × 0.75 米。上款楷书阴刻"道光十二年十二月"八字，下款署"州牧吉林宣瑛书"七字，字大 0.37 米 × 0.25 米。笔力雄健，有唐楷之风。两次间为建桥碑记，红砂石质，高 3.54 米，宽 1.22 米。左碑为州牧宣瑛所撰书《新修川南第一桥碑记》。楷书阴刻直排 12 行，每行 47 字（首行碑名 9 字，尾行 4 字，末行题款 21 字）共计 457 字，今已风化脱落。记载了修桥原委、倡建人姓名、建桥时间、规模、用费等。右碑为胡璠所撰书《邛州川南第一桥碑记》，直排楷书阴刻，共 229 字。下款署"道光十三年岁在癸巳九月"（公

元1833年）。碑文今已风化脱落。

牌坊背面以青砖白灰浆砌。当心间檐下砌横长方形明堂一个。中间灰塑立匾一道，云纹华带边套。竖行楷书阴刻"天官赐福"四字。立匾左右墙面嵌天官人物砖雕各一块。背面碑墙中心砖砌明堂3.8米×4.2米。中间由40块0.35米×0.35米的花卉砖雕分作六排七列镶嵌而成。花砖为方形或八角形，四边镶以尖棱形花砖，使每个单元图案形成外圆内方之钱纹式样。明堂中心嵌大砖雕一块，方菱形，中间圆形福寿纹饰，外有"卍"字纹圆形边套，形成方中寓圆图案。四角做蝙蝠，明堂四角嵌"寿"字纹砖雕角花，寓意"多福多寿"。整个堂子边框为砖雕花边，十分精美。

1982年3月，邛崃县人民政府批准公布为邛崃县文物保护单位。

石牌坊上的字

附录一：邛州川南第一桥碑记①

清·胡璠

　　壬辰冬余奉旨盘察上南各属□□□□□邛州刺史宣君治□□惠政兹其□□□□□□□□而仅存者也。□□居南河之□□□□□□□□而弗克，溃于洪水。乃与友方□□□□捐资□万余缗，而大工因之举目。经始以迄，□□□□□□□意也。翌日，泗龙会余于行馆与之语，□□□□□诺而退。余惟□议建者屡矣。前之民□□□□□史之德。意有默化而潜移之。胡以民情□□□□□不可与，何□□可去而惜乎？用心如泗龙者也。其始末则宣君已作有记，无俟余言。噫！一桥也，而一心也。

　　钦命四川分巡成绵龙茂等处兵备□□□□疆屯垦□

　　道光十三年岁在癸巳②九月中浣之吉旦，胡璠敬书（胡璠之印）

　　注：①该碑位于城南川南第一桥牌坊上。右碑。
　　②道光十三年，即公元1833年。

附录二：新修川南第一桥碑记①

清·宣瑛

　　州为川南孔道，东距省会一百八十里，□□□□□□□□□□□其上游□河诸水，至文笔山下与河会，东合于新津。河面辽阔，水势浩荡，□□□□□□□□□□□□□□丙寅等年，历任劝修石桥，工费不继，建修桥石墩十余而止。道光十一年□□□□□□□□□□□□岁次辛卯夏，绅耆罗泗龙等七人议修斯桥，倡捐银六万两，而以罗泗龙董其事。□□□□□□□□□□□□八月兴役，凡二十月而桥成。为洞十五，长一里，高五丈，宽三丈，计费三万余缗。因榜其桥曰：川南第一桥。□□□□又请余记。余既述其颠末，且谓州人曰：斯桥议修有年矣，而今始成。固成以力，成以人，而实成以心耳。盖□□□□□□者勇，险者夷，深求此心，则艰巨可为，吾于斯桥信之。永励此心，功业可久，吾于斯桥验之。且旁推此心，曲尽此心□□□□之间，即感于晋接之地。凡不得其平与未即于安者，又皆吾寤寐中无形之桥，无算之桥耳。心之用可胜计乎？如罗泗龙心诚于善，至老弥笃。而州人士之能合众心为一心，尤不易得也。故曰桥之成，实诚以心耳。至佛门广言善果，修德获福，自有施至立应者，而岂诸人士黾勉从事之初心也哉？因共慰而勉之，是为记。

  道光十二年岁次壬辰②十二月，州牧吉林宣瑛撰并书（宣瑛之印）

  注：①该碑位于城南川南第一桥牌坊上，左碑。
  ②道光十二年岁次壬辰，即公元1832年。

前进杨何氏石牌坊（清）

  杨何氏石牌坊位于前进镇东岳街。石牌坊为贞节牌坊，是清乾隆丁丑年，奉圣旨旌表邛州儒生曾学易之妻杨何氏而立。顶部原为重檐宝顶形，今已残毁。现为单檐石质牌楼式建筑。坐西北向东南，面阔一间二柱3米，通高5.5米。两根方形石立柱上置厚大石质横枋。横枋之上刻莲瓣纹一排，置石刻斗拱四朵。斗拱承托石檐，檐上刻瓦垄。檐脊较高，两端脊尾刻鸱吻。楣枋下置石刻龙头形雀替。枋上从右至左横排阴刻楷书"旌表儒生曾学易之妻杨何氏坊"。枋上嵌石匾

杨何氏石牌坊

杨何氏石牌坊局部

一道,阴刻楷书"贞烈"二字和邛州正堂等官员名号。匾上额枋中间刻竖匾一道,阳刻华带边框和"圣旨"二字。左右浮雕盘龙两条,祥云缭绕。柱下前后有石抱鼓,纹饰简单。

该石牌坊是邛崃境内现存唯一的清代贞节牌坊。

天台山陈祠堂牌坊(清)

陈祠堂位于天台山镇紫荆村。原祠堂建筑已经拆毁,仅存清代祠堂石牌坊一座。

陈祠堂牌坊坐西向东。三重檐仿木结构牌坊式石质建造。平面呈马鞍形。石牌坊建于红砂条石砌筑的台基上。台基横长3.5米,宽1.6米,高1.1米。牌坊三间四柱,宽2米,通高3.2米。坊两侧有八字形梢间,总宽3.5米。石坊当心间两根石柱直通上层,柱上做仰斗形楼身,刻戏剧人物三幅。其上覆石檐,刻瓦垄、檐角。檐上立高大的"山"字形宝顶,高约0.8米。宝顶左右刻鸱吻,中间圆形图案中刻天官一身,其上刻宝瓶。两次间各立

陈祠堂牌坊

石柱一根，在当心间斗拱楼身之下结成第二重檐。

左右第二重檐檐脊外端各刻鸱吻。檐下石枋做斗形。各刻人物、山水、花卉。

当心间和两次间门额石枋之上做匾额。额枋下口做镂雕石刻花牙。当心间和两次间各嵌石碑一通，记载陈氏祖先名讳等。当心间额枋上竖匾一块，周刻花卉，中心竖行阴刻"宗庙致敬"四字。左、右两次间横匾分别阴刻"钟灵""毓秀"。四柱分刻联两副。当心间联楷书阴刻："文克经邦，武克定乱，勋犹过开元宰相；忠以扶主，哲以保身，理学推大宋名儒。"次间联："脉发天台山，狮子白马双对舞；祠建吉祥地，凤凰黑龙并□飞。"联文分别点出陈氏历史人文精华和卜居邛南山水胜地之概貌。

碑左右为石砌八字形梢间，梢间各嵌石碑一通。八字形梢间外侧立一块厚石板做夹柱。窄面做碑柱，宽面做整个石坊左右两面山墙。其上置斗形横枋，刻"卍"字纹，上覆石檐，做石脊、鸱吻。

亭台楼阁

亭台楼阁泛指建造在园林庭院中供游憩欣赏的建筑。邛崃此类建筑大多契合川西民间造园所讲究的自然观与审美观,无论是木、石、砖、瓦为主的建材,还是动静交替变化的空间布局,都呈现出一种境界清幽、格调雅淡的气蕴,在移步换景中不仅与周围环境十分协调,而且文化底蕴与乡土特色对等支撑,互为补充。

鼓楼

鼓楼(清)

鼓楼现今位于邛崃市区中心文君广场前,地名俗称鼓楼口,始建于明代。据民国《邛崃县志·公署》载:"清康熙五年(公元1666年)州牧肖恒重建于县城中心十字口。乾隆四十一年(公元1776年),知州叶体仁……重新修建。嘉庆五年(公元1800年)知州胡廷章又予培修。"楼上四方分挂"迎晖""接云""和煦""涵濡"四块大匾。其后鼓楼毁于火灾。现存鼓楼为清咸丰五年(公元1855年)重建,曾有檩记"咸丰五年奉政大夫知邛州金旂建"墨书。

鼓楼鸟瞰图

鼓楼原位于东街、西街、南街与政府街交叉十字口。1957年秋，将其整体搬移至瓮亭公园内红荷池畔。1988年4月，又将其从瓮亭公园内移至今址。

鼓楼坐北向南，重檐九脊歇山顶穿斗抬梁木结构建筑。建于青石台基之上，台基呈四方形束腰须弥座式。南北长16米，东西宽13米，高1.2米。台基上外沿砌石扶栏，高1米。前后有垂带式踏道前（南）七步后（北）八步。踏道两旁石砌扶手栏杆，望柱前端置雕花石鼓。

鼓楼面阔三间四柱10.5米。进深三间四柱10米，通高15米，檐口长13.5米，平面呈正方形。鼓楼由十二根檐柱和四根内经柱共计十六根立柱共同支撑两层楼面。柱径0.58米，素面圆形石础。每根内经柱分别与一根角柱和两根檐柱结成井口四个，井口间穿枋锁口抬梁结构，支撑腰檐和上层楼面，搭建楼欠，铺设楼板。四根内经柱直通顶层构成上层檐角柱。七架梁，穿斗抬梁结构。楼层四面装饰木格花栏。九脊歇山式屋顶，上覆素筒瓦、灰塑正脊两重，两端饰陶雕鸱吻。束腰葫芦形宝顶，下部装饰仰覆莲瓣。宝顶四下系以铁链。垂脊、戗脊以及腰檐戗脊上灰塑图案。鼓楼外形上小下大。上层屋面高而窄，下层屋面（腰檐）薄而宽。八只翼角尖锐，弯曲上挑，姿态优雅。下层檐口高6.5米。有木梯通往楼上。上层（含二重屋面）与底层高度之比约为1.23:1，显得敦实厚重。

鼓楼底层悬挂一口明代大铁钟，高1.5米，口径1.2米，口壁厚0.08米。拱形钮，钮上两端各铸人面像一个。钟体上、中、下各铸三道凸弦纹，其上铸"皇明嘉靖四十一年四月谷旦"和"晦明有节,作息推时；夙夜匪懈,顽愚自省"四句铭文。该钟为公元1562年所铸钟鼓楼报时之钟，故邛崃当地人又习惯性将鼓楼称作钟鼓楼。

1982年3月，邛崃县人民政府批准公布为邛崃县文物保护单位。

瓮亭（明）

瓮亭位于邛崃市中心瓮亭公园红荷湖心岛上。始建于明代。据清嘉庆《邛州志》称，明代浚湖时掘得二大瓮，满贮汉五铢钱，传为卓氏故宅中之卓氏钱瓮，因修亭贮之，名为瓮亭。又，清康熙三十五年（公元1696年）更名为大公亭；乾隆四十五年（公元1780年）更名观雨亭；光

瓮亭

绪二十七年（公元1901年）州守陈嵩良培修后复其名瓮亭。有《重修琴台文君井古瓮亭记》石碑一通，今存文君井诗碑院。

亭为八角单檐攒尖顶穿斗木结构建筑。坐西向东，建于八边形石砌台基上。台基边长3.2米，高0.12米。台基八个角上分立八根檐柱，柱高3.8米，柱下为红砂石鼓形柱础。亭脚底边长2米。亭内又石砌八边形台基一层，边长1.8米，高0.2米。内台基八个角上分立内柱八根，柱高4米，与八根外檐柱相对。内外柱之间相距0.9米。南北两侧外檐柱，每四根一组结成飞来椅，椅高1米。东西两间为敞门。南北两侧内柱与外檐柱相对应，每四根内柱连接木花格栏杆，栏杆高1.2米。东西两间为敞门。外柱飞来椅与内柱木栏杆之间形成0.9米宽的内回廊。内柱栏杆内形成亭心内堂。柱下垫红砂石鼓形石础。

亭内顶上用穿枋和九根垂柱、八根龙骨穿斗搭建成攒尖顶屋架。木板分上下两层做望棚八角形藻井。藻井八角垂柱八根，脊中垂柱一根，柱头饰木雕莲花。额枋之下、内外柱上端两边做角花花牙，使每间形成拱形门洞。额枋之上做木格花窗。内柱东西两敞门做卵形木雕花门套。八根外檐柱柱头明显内倾，保留了明代建筑侧脚柱的做法。素筒瓦屋面。檐口施三角形滴水瓦。八条脊均分成上下两段做法。两段分界明显，上段灰脊较高，头上塑脊兽。下段明显矮于上段，灰塑图案。翼角高挑，其上花饰灰塑，如象牙上弯挑出状。

亭门额上悬挂今人杨玉光手书"古瓮亭"木匾一道，柱上挂李廷膏撰书楹联一副。

1982年3月，邛崃县人民政府批准公布为邛崃县文物保护单位。

万年台（清）

万年台位于回龙镇平桥社区场镇街口。因有此戏台，故小地名叫台子坝。始建于明末，后毁于兵燹和洪水，清代重修。清道光二十九年（公元1849年）八月二十六日迁建于今址，同治元年（公元1862年）八月初八竣工。1995年维修。

万年台为单檐歇山式穿斗抬梁木结构戏楼式建筑。坐西南向东北。戏楼平面布局分为戏台（前台）和后台候场化妆间（后部）。前台和后台候

万年台

场化妆间连成整体，平面呈"凸"字形。前台台口面阔三间四柱9米，进深两间6米，通高11米。后台候场化妆间为一幢连体横长条形单檐歇山式木结构建筑。其当心间和两次间正立面墙（前墙）即为前台后墙，以及戏台左右出入之马门。面阔五间16.3米，进深一间4米。前后台总面积约188平方米。

前台台口横排四根檐柱，前台后部横排四根檐柱（也就是后台前檐柱），共八根台柱由台脚下直通檐口，在顶上以穿斗抬梁结构结成屋架，共同支撑宽大的歇山式屋面。屋面覆小青瓦，檐口饰压花瓦当、滴水。正脊灰塑

回龙万年台局部

两重，高约 0.7 米。两端饰鸱吻。脊上塑盘龙两条"二龙戏珠"。中堆素陶雕宝顶做重檐六角亭式，高约 1.5 米。六角亭宝顶立在正脊正中：六边形基座上起六柱，柱上雕花，檐下装饰斗拱。腰檐上有瓦垅，六只翼角高挑上扬，檐口呈半圆弧线。其上起四柱结成第二层，平面呈四方形。正立面上宽下窄。柱上缠盘龙，上做四方攒尖顶屋面，有瓦垄，檐下有斗拱，额枋上有装饰。四只檐角上扬。亭上宝顶做三重葫芦形。造型别致，做工精美，可视为一座清代重檐方亭的微缩模型。正脊上左右各蹲麒麟一只，垂脊上塑戏剧人物，戗脊上塑龙头、瑞兽、人物和花式图案。正立面左右两只翼角宽展，出檐甚远。后檐直接搭盖在后部横房上，故没有做翼角。

戏楼前台台口三方檐下横枋上满刻花卉图案，装饰镂雕花牙。柱上做雕花撑弓、吊柱。前台下部高 1.5 米处铺架木楼板做舞台台面，下面中空。台面左右两侧做美人靠，与后台前廊的美人靠连通。

后台候场化妆间一幢，五架梁，用三柱，前步廊，穿斗抬梁木结构，单檐歇山式。左右廊柱各一根，前墙柱六根，后檐柱六根，共十四根立柱。屋架上做九脊歇山顶，覆小青瓦，做瓦当、滴水。正脊二重灰塑，两端饰鸱吻。中间宝顶为圆形太阳式，下面祥云缭绕。太阳左右各塑凤鸟一只，寓意丹凤朝阳。垂脊、戗脊上有装饰。檐下花牙、撑弓、吊柱做法与前台同。后台做楼面，与前台台面连成一体。后台左右间廊口做美人靠，与前台口连接。木格门窗，砖墙裙。底层中空，砖墙体，木格门窗。

回龙万年台是邛崃境内现今唯一保存完整的清代古戏台。

1982 年 3 月，邛崃县人民政府批准公布为邛崃县文物保护单位。

文昌宫奎星阁（清）

奎星阁位于临邛镇文昌社区，东门外成温邛路口西侧，原为文昌宫所属建筑。始建于清光绪十三年（公元 1887 年）。1932 年，该地改作敬亭学校，奎星阁始经张志和（清平）维修用作学校图书室，曾为中共邛崃地下党组织活动联络点。1950 年以后一直为学校使用。其余建筑已被拆除。2002 年局部复原维修。

奎星阁坐北向南。穿斗式砖木混合结构，重檐歇山顶，小青瓦屋面建筑。下层面阔三间 9.1 米，进深三间 8.8 米，通高 10.55 米，平面略呈

砖上"1932张清平"篆书戳记

正方形。基础部分采用红砂石砌筑。台基长10.6米,宽10.3米,高0.9米。阶檐宽1.6米。下层十二根檐柱在1932年维修时改作方形砖柱。底层层高4米。四根内经柱为圆木柱,直通楼层,结成上层楼四根角柱。上层楼面阔6米,进深5.3米,穿斗木结构。木楼梯连接上下。

顶部为歇山式屋顶、小青瓦屋面,檐口有滴水瓦。正脊、戗脊、垂脊均有灰塑。正脊两端高翘,与三角形中堆形成"山"字形脊。下层腰檐宽大,水分较平。上下八只檐角高挑上扬,有灰塑装饰。上层四根角柱上有镂空花撑弓。下层墙体为青砖砌筑。砖上有"1932

奎星阁

张清平"篆书戳记和"敬亭学校"篆书戳记。

砖墙上部留"十"字形梅花洞。圆拱形木门窗。上层墙体普柏枋以上做篱夹壁粉白,以下四周为方格木门窗。

上层梁架上有墨题两条:"光绪十三年岁次丁亥十二月十五日重建"(公元 1887 年),"钱□□知府□御署理邛州直隶州"。

2002 年 7 月,邛崃市人民政府批准公布为邛崃市文物保护单位。

南华宫戏台(清)

南华宫位于固驿镇场镇正街 130 号,现存戏台建筑一幢,戏台台面已经拆毁,其建筑改作春台社区文化站。

戏台坐南向北,面阔三间 8 米,进深三间 9.3 米,素面台基高 0.3 米。重檐歇山式屋顶,穿斗式木结构建筑。九架梁,前后单步梁,用三柱,通高约 8 米。小青瓦屋面,檐口有印花滴水瓦。歇山顶,屋面正脊较短,分上下两层做脊,下层矮而略长,两端做翘角。上层高而稍短于下层,两端平齐,脊上塑中堆(残)。屋面戗脊面窄而长。出檐较宽,翼角上翘,使整个戏台屋面呈官帽形,保留了清代古戏台建筑的基本特征。

南华宫

祠 堂

祠堂是族人祭祀祖先或先贤的场所，除了崇宗祀祖之用，各房子孙的婚、丧、寿、喜等事，一般也在祠堂举行。族亲也利用祠堂商议族内重要事务，还将其作为家族社交聚会之地，并附设学校，供族中子弟就学。邛崃祠堂无论从类型、选址，还是从布局形式、空间形态和建筑特点等方面，均受到"湖广填四川"移民背景的影响。

大宗寺李祠堂

夹关大宗寺李祠堂及照壁（清）

大宗寺李祠堂位于夹关镇草池村。

祠堂原为单檐悬山式穿斗木结构，小青瓦屋面建筑，坐北向南，面阔三间12.4米，进深三间9米，通高6.2米。除梁架结构尚保留原貌外，其余墙体、门窗已全部改变原状。祠堂内尚存清光绪六年（公元1880年）三月立李氏宗族石碑一通，记述了李氏族人在明初由山西太原府入川到邛南夹关落业繁衍的历史。祠堂前现存砖照壁一通。

照壁坐北向南，砖石结构。红砂石砌筑基座，横长6.1米，宽（厚）0.77

李氏宗族石碑

米，高 0.7 米。照壁横长 5.8 米，宽（厚）0.5 米，通高 3.8 米。照壁用长方形砖，依空斗砖墙做法，以石灰砌筑。正、背两面中间做落堂，顶部叠涩两层出檐，悬山式顶，顶上覆小青瓦。

道佐三官祠（民国）

三官祠位于道佐乡沿江社区，始建于民国十五年（公元 1926 年）。祠堂面临街道，坐南向北。由前厅、正厅（后厅）和左右厢房构成四合院，平面呈四方形，中间为天井。

整个祠寺建筑为穿斗抬梁式木结构，小青瓦屋面。除门厅上部戏楼为歇山顶外，其余均为悬山式屋面。祠寺建在红砂石台基上，台基高 0.3 米。

前厅面阔九间 33.4 米，进深四间 7 米。门厅（戏楼）面阔 7.2 米、进深 10.5 米，通高 8.5 米。十二架梁，用四柱。前双步廊。双挑坐墩，挑枋前做雕花吊柱。门厅（戏楼）下部高 2.3 米处架楼欠铺木楼板做戏台。戏楼屋顶为歇山式，小青瓦屋面，略高于左右前厅房（今已部分改动），檐口与左右厅房屋面相接。瓦脊，瓦做中堆。台口向祠内天井突出一间，

三官祠

两檐角高挑上翘。

正厅（后厅）面阔五间 20.9 米，进深五间 10.7 米，前双步廊。悬山式小青瓦屋面。通高 8.7 米，十三架梁，用六柱。正厅左右各有侧室三间。

左右厢房各一幢，面阔三间 11.7 米，进深三间 6.2 米，一楼一底。前步廊，廊柱连通楼上楼下。铺楼板形成外楼廊和檐廊（今已局部改建）。悬山式小青瓦屋面与前厅和正厅（后厅）屋面连通，通高 6.5 米。立柱下为方形石础和下八边形、上扁鼓形石础。墙体上部为篱夹壁，下部为木墙裙。左右厢房楼层做方形木花窗，楼

穿斗结构的前廊

下墙面为木装板，木门窗。前厅、正厅（后厅）和厢房的墙体及门窗多已改变。

祠内天井、阶檐和室内均用石板铺筑。天井四周为排水明沟。天井中存砖砌太平缸一口，正面嵌红砂石浮雕一幅。

水口叶家祠堂（清）

叶家祠堂位于水口镇钟山社区。始建于明代。清嘉庆二十三年（公元1818年）重修，是水口叶氏家族宗祠。

祠堂坐东北向西南。现存前（门）厅、正（后）厅和左右厢房，构成"亞"字形大四合院。前厅、正厅和左右厢房之间为天井。前厅和正厅有廊道相连，廊道将天井一分为二。

主体建筑为单檐悬山式穿斗抬梁木结构，小青瓦屋面。前厅面阔五间六柱19.5米，进深三间9.5米。当心间为大门、过厅、二门和门厅。内经柱四排共十二根，穿斗抬梁结构，悬山式小青瓦屋面。墙体、门窗均已改变。

正（后）厅建在1米高石砌台基上，面阔五间19.5米，进深五间12.5米。内经柱四根，穿斗抬梁结构。山墙穿斗排列结构，九架梁，用五柱。正

叶家祠堂

廊道将天井一分为二

厅檐柱为方形石础，内经柱为覆盆式石础。小青瓦屋面、瓦脊。挑枋上有雕花吊柱。正面当心间与两次间前面有五级石砌踏道与天井廊道相连。左右为厢房，面阔三间11.3米，进深三间4.4米。穿斗式木结构，小青瓦屋面。墙体和门窗多有改变。

前厅和正（后）厅之间有廊道穿过天井相连接。廊宽5.5米，纵深长12.6米。廊道为十架梁，券顶式，用四柱。双排柱共二十根，抬梁结构。廊道外檐柱用下方形、上扁鼓形石础。内柱用

祠堂内的石狮

下八角形、上扁鼓形石础。小青瓦屋面。

天井宽 18 米，纵深长 12 米。前、后厅室内外以及廊道、天井、阶檐均用石板铺筑。

檩记"大清嘉庆二十三年岁次戊寅仲冬月"墨书。

南宝朱家祠堂（清末民初）

朱家祠堂位于南宝乡秋园村，始建于清末民初。

祠堂坐西北向东南。砖木结构，单檐悬山式屋顶，小青瓦屋面。由前厅、正厅（后厅）和左右厢房组成四合院布局，平面呈四方形。

祠堂建于高高的石砌台基上，前面原有踏道。前厅面阔七间 20.5 米，进深两间 4 米。中间三间为门厅，面阔 9.4 米。门厅前有双步廊。当心间有木板门四扇。两次间以青砖砌墙，中部做梅花洞横窗。前廊双挑，做木券拱顶。穿斗结构，五架梁，用三柱四穿，并与厢房连接。正厅（后厅）为单檐悬山式屋顶，穿斗抬梁结构。面阔五间 20.5 米，进深四间 7.8 米。内经柱四根，穿斗抬梁结构两组。蜀柱用木雕搁基（驼峰）。山墙排

朱家祠堂

朱家祠堂整体保留了清末祠堂的做法

列十一架梁,用五柱四穿,共用排列四个。左右厢房各一间,面阔5米,进深一间4米。厢房在左右两边与前厅、后厅交接处各开一道门,砖砌门墙到顶,下部砌圆拱形门洞,两边砌门柱。门柱下部砖做半弧形夹鼓,上下做束腰须弥座。拱门顶边做门套,在门套之上、门楣之下的墙面上灰塑卷云式博古等图案。门楣之上灰塑门匾,门墙上部做覆钟形花框,框中灰塑锦鸡牡丹等图案。四道门做法大体相同。其砖门的式样、做法、纹饰精巧别致,为其他祠寺所少见。雕花柱础多为方形、"亞"字形、覆钟形。厅内

圆拱形门洞

木构檐下、额枋下多做花饰。前厅正面外墙压顶边的上下方均有灰塑彩绘，其开光内灰塑彩绘花鸟也为域内祠寺所少见。

朱家祠堂虽已残破，但整体上仍然保存了清末祠堂的做法，尤其是砖门墙之类的做法，十分珍贵。

油榨赵祠堂（民国）

赵祠堂位于油榨乡新桥村。始建于清代，民国初年重修，是当地赵氏族人宗祠。

祠堂坐西北向东南，由大门前厅、后厅和左右厢房组成四合院，平面略呈长方形。祠堂面阔18.6米，纵深27.6米，占地面积约513平方米。

赵祠堂大门为两重檐牌坊式穿斗木结构门楼，面阔三间四柱。当心间为两扇大木门，两次间为单扇木门。当心间两根门柱直通到顶，穿斗梁架结成上层斗形楼身，其上做悬山式屋顶，覆素筒瓦，做瓦当滴水。灰塑屋脊，正脊呈"山"字形，两端高翘，中间塑葫芦形宝顶，两翼角弯曲上挑。大门额枋之上、斗形楼身之下做横式镂空花窗。门额枋上做户对两个。

两次间门边柱直到当心间上层斗形楼身下口，做第二层斗形楼身，

赵祠堂

正厅、左右厢房和天井

其上覆素筒瓦，做瓦当滴水，灰塑脊头檐角。檐角挑出甚远，穿插于门厅左右房屋屋面之上。

大门四根门柱均为半截柱的做法，即下半截为方形石柱，上半截为圆木柱。石柱顶端圆雕狮子座，成为上半截圆木柱之柱础。石柱上刻出抱柱联板，上端刻虎头，下刻"卍"（万）字纹方础。石联板上阴刻楹联两副。中门联："门外自共和，五子五洋新世界；庭前皆清净，一琴一鹤旧家风。"此联为赵祠堂重修于民国初年提供了直接的证据。

前厅（含大门）面阔五间18.6米，进深7.4米。后双步廊。

檐柱的精美雕花木撑弓

一楼一底，穿斗抬梁结构。后厅面阔五间六柱 18.6 米，进深四间 6 米，前双步廊。内经柱四根，穿斗抬梁结构两组。山墙穿斗排列木结构，九架梁，用四柱四穿。左右厢房面阔 10.3 米，进深 3.2 米。一楼一底，前步廊，穿斗抬梁木结构建筑。中间为天井。

赵祠堂建筑均为悬山式小青瓦屋面，檐口施滴水瓦。门楼后屋面为两坡水，搭于门厅屋面前坡，与前厅屋面等齐，稍高于两厢房。后厅石砌台基连同屋架升高，正厅高于前厅。瓦脊、瓦中堆。前厅楼上外廊为"卍"（万）字纹木栏杆。左右厢房楼廊为竖栏式木栏杆。后厅无楼层。前厅和左右厢房有楼廊相连通。挑枋之下，檐柱上有雕刻精美的木撑弓。方形雕花石础。室内外、天井、阶檐均用石板铺筑。门窗大多改变。墙体混合运用篱夹壁、木墙板和砖墙。部分外墙已改建。

正厅后壁立赵氏宗族碑记一通。

油榨天罡祠（清）

天罡祠位于油榨乡桃花社区，原为邑人为纪念唐代第一位火井县县令袁天罡而建祠堂，历代均有兴废。现存天罡祠为清代重建，位于唐代火井县衙遗址坡下。面临黄盐溪与天罡堰。

天罡祠原为大四合院建筑，今仅存大殿一幢，坐北向南，单檐歇山

天罡祠

式穿斗抬梁结构，面阔五间六柱 17 米，进深三间 8.5 米，通高约 6 米。当心间四根内经柱结成穿斗抬梁两组。山墙及两次间穿斗排列结构，九架梁，用五柱。原雕花门窗今已无存，整个祠堂已改作他用。

该祠内原有清代碑刻数通，毁于 20 世纪五六十年代。仅存"自唐时古火井处"碑一通。碑为红砂石质，竖长方形，高 1.2 米，宽 0.6 米，厚 0.15 米。碑心竖行阴刻"自唐时古火井处"七个大字。上款竖行阴刻"住持僧智越述"，下款竖行阴刻"大清乾隆二十八年癸夫立"（乾隆二十八年即公元 1763 年）。此碑现存邛崃市文物管理局。在天罡祠采集有唐代雕花大石础，存文物管理局。祠前有天罡堰，相传为袁天罡所建，至今仍在使用。

附录：

袁天罡，益州成都人也，尤工相术。隋大业中，为资官令。武德初，蜀道使詹俊赤牒授火井令。……——《旧唐书·列传·方技》

水口川王宫李家祠（清）

川王宫李家祠位于水口镇金山村，小地名鞍子坪的东南山坡上。坐西北向东南。由照壁、川王宫和李家祠三部分组成，皆为石质建造之小照壁、小祠庙。四周所围砌石护栏仅存东南部分。

石照壁立面、平面皆呈长方形。底长 1.55 米，宽（厚）0.5 米，通高 1.3 米。底座为石刻两重须弥座。座上左右立夹鼓柱，柱中夹嵌石板一块做照壁墙身，其上覆庑殿式石檐，刻瓦垄、檐角。石刻屋脊呈"山"字形，脊两端圆头上翘，中堆宝顶呈大花冠状，故此类石脊又俗称翘（元）宝式。

夹鼓柱立面略呈花瓶式

川王宫李家祠

照壁正面墙身中间，横排从右至左阴刻"川王宫"三字。右前竖行阴刻"大清嘉庆十年"（公元1805年）款。背面浮雕图案一幅：中心浮雕阳刻大圆圈一个，圈中浮雕一犬蹲坐。犬体朝右，前腿直立，后腿屈坐，尾巴向后上卷曲，扭头回望左上方。犬小头，圆眼，长嘴（闭嘴），竖耳，颈上挂铃铛。圈外左右上方分刻祥云一朵，祥云上刻日、月形。圈外左右（日、月及云朵之下）各浮雕兵器钺一把、戟一把。照壁外侧夹鼓柱立面略呈花瓶式，下部为圆形，上部为束腰形。夹鼓两外侧分刻梅花鹿和白鹤一只，寓意"六合同春"。鹿体向右侧，回首向左望，口衔灵芝一朵，四蹄奋起若奔跑状。鹤体向右，曲颈扭头回望，双翅张开，脚踏"山"字形波浪。天空中有祥云一朵。

川王宫小石庙立面、平面都呈长方形，长1.9米，宽1.4米，通高1.5米。两侧青石砌山墙，正面下层起台基，其上内收立门柱、门额。内堂中空。顶上覆红砂石悬山式屋面。上刻瓦垄。屋面上以红砂石砌屋脊两重，上重刻花饰，两端刻鸱吻，中间刻葫芦形宝顶，屋脊整体呈"山"字形。

石庙门额上从右至左阴刻"川王宫"三字。门柱上阴刻一联："兴周敕封大元帅；永镇西川保生灵。"内堂刻一石供桌，后壁开一小壁龛，龛中刻一川主神像。川王宫左（北）侧为李家祠小石庙。其做法、用材与川王宫大体相同,唯体量稍小。长 1.5 米,宽 1.4 米,通高 1.2 米。内堂中空,后壁刻有李氏宗族纪事碑。门额阴刻"万古不磨"四字。门柱上刻一联:"常怀祖德;不忘根本。"

邛崃西南山区李氏宗祠与川王宫供奉为一体的习俗,是民间将李冰作为川主供奉的佐证。

平乐花楸李家宗祠(清)

李家宗祠位于平乐镇花楸村。始建于清光绪二年(公元 1876 年),原为四合院布局,前厅及厢房已毁,现仅存正厅一幢。

李家宗祠正厅坐西向东,面阔五间 20.5 米,进深三间 6.5 米。单檐悬山式穿斗抬梁木结构建筑。九架梁,山墙用七柱,穿斗排列结构。除两根角柱外,其余五柱采用下段方石柱上段圆木柱做法。夹次间穿斗排列结构用五柱五穿。当心间经柱共四根,抬梁穿斗结构两组。抬梁上有"大清光绪丙子仲冬吉旦"墨题。光绪丙子即光绪二年(公元 1876 年)。悬山式屋顶,小青瓦屋面,瓦脊。檐脊两端上翘,瓦做三角形古钱纹中堆。

李家宗祠

余祠堂

临邛余祠堂（清）

余祠堂位于临邛镇观音阁社区兴贤街下段东侧175号。始建于清代，为余氏宗族祠堂。余氏祖籍安徽歙县，清康熙年间经商入川，经营盐、茶，落业邛崃并买下明代万历年间修建的寇氏烧房（含烧坊、主宅、附宅及院内田地竹木），民国年间烧房更名为大全烧房，即文君酒厂前身。

余祠堂原为大四合院建筑，今仅存前厅、后厅两幢，其余建筑已拆毁。祠堂坐东北向西南，前临兴贤街。前厅面阔五间20.6米，进深三间13米。十一架梁，用四柱，穿斗抬梁结构。抬梁上蜀柱改作雕花搁基（柁峰），上口做斗，斗下置小搁基（柁峰）。悬山式屋顶，小青瓦屋面，瓦脊。上部为篦夹壁墙，下部墙体、门窗已改变。梁柱用材较大，柱下置红砂石础。

前厅后面为天井，天井宽20.6米，纵深14米。天井后面为后厅。后厅面阔七间20.6米，进深四间13米。通高7.5米。十三架梁，用七柱。穿斗排列木结构，悬山式屋顶，小青瓦屋面。覆钵形石柱础。墙体上部为篦夹壁。部分木装板保留原貌。多数墙体、门窗已改变原貌。室内有楼层，无窗。

陶祠堂

大同陶祠堂（明）

陶祠堂位于大同乡陶坝村，陶坝得名于陶氏族人祖居于此。据《陶氏族谱》称，其先祖为晋代的陶渊明。明代移居四川，落业邛州。清代多有从事茶叶种植、加工和销售者，俗称茶户。陶祠堂为陶坝陶氏宗祠，始建于明代。

祠堂坐北向南，平面略呈正方形。重檐悬山式屋顶，穿斗抬梁式木结构，小青瓦屋面。面阔三间四柱14.2米，进深四间13.5米，通高约6米。九架梁，用四柱，前步廊。前廊柱四根，前后墙柱各四根，内经柱四根，穿斗抬梁结构两组。

建筑用材檐柱粗大，每组挑枋两根并用。内抬梁粗大，每组抬梁两根大梁合并使用。蜀柱下端做覆钵形或云板如意形，体量较大，弓形搭牵。双檩双挂。楼层间铺木楼板。外檐柱侧脚明显，保留有明代建筑风格。墙体、门窗今已改动。

祠内现存"清同治九年季冬月"（公元1870年）立石碑一通，为陶氏部分茶户产业转卖他人之契约碑，从一个侧面反映出清末大同茶叶生产状况。

教 堂

据资料记载，西方天主教最早是在清代乾隆十六年（公元1751年）由神父白日升传至邛州的。先后在今邛崃市域范围内广泛传播。初期教堂建在临邛城区里仁街。光绪二十五年（公元1899年），法国传教士希司铎（神父）主持修建西街天主堂。其后在夹关、火井、宝林、高埂、牟礼等乡镇先后建教堂六座。民国九年（公元1920年），比利时传教士雍守正经主教批准，在西街天主堂后院开办上智小学。民国十三年（公元1924年）增办初中，名上智学校，将中国传统教育与西学和天主教教义相结合教授学生，是邛崃第一所教会学校。

天主教会教堂的建筑形式，也受到中西文化和教会文化的多重影响而形成独特的风格。邛崃现存天主教堂均为典型的中西合璧式建筑，即门楼、圣堂是西方教堂建筑样式，而过廊、厢房、后院除偶有尖拱顶门窗样式外，其余花窗、吊柱、撑弓、梁柱、板墙、瓦屋檐无一不是典型的川西民居院落样式。

西方基督教（又名耶稣教）传入邛州时间较晚，大约在光绪末年由丹棱人唐光清传入。初期并无教堂，借用信徒家房屋传教。民国初，有美国人孙信成夫妇来邛崃传教，并在南街下段西侧建福音堂一座。其后又在夹关南岸建教堂一座。基督教在邛崃的影响不大，教堂不多。基督教教堂建筑在邛崃今已无存。

西街天主堂（清）

天主堂位于临邛镇瓮亭社区西街南侧。始建于清光绪十七年（公元1891年），由法国传教士希司铎主持，于光绪二十五年（公元1899年）完工。

天主堂坐南向北，由门楼、圣堂、后院和侧院组成。面阔30米，纵深65米。东侧院面阔五间20米，进深5米。总占地面积约3000平方米。是集西方天主堂建筑和川西民居宅院于一体的古建筑群。

门楼经改建，仍为"山"字顶，顶上安放十字架。

圣堂位于门楼后6米。面阔三间12米，纵深长34米，平面呈长方形。通高10.5米。

圣堂大门为"山"字形尖顶西式教堂门楼。当心间两根门柱直到顶端，柱间筑成门墙。门墙下部中间开圆拱形大门，门外为圆拱形门套。门上砌额枋。枋以上墙面嵌匾，灰塑堆字，楷书，从左到右横排"敬爱望信"四字。之上砌三角形尖顶门墙，墙面嵌竖匾一块，楷书，直排"天主堂"三字。尖顶之上立十字架。此大门为今人依原样重修。

圣堂建筑纵深排列檐柱十六根（左右各八根）、后檐柱四根。内柱两排共十四根。两排内柱间做纵向券拱顶。内柱与外檐柱之间做纵向平顶。后部安放圣像之圣龛(坛)墙面呈鞍桥形向后突出。顶上做六边形藻井。鞍桥形正后壁开圆拱龛安放圣像。后墙左右

西街天主堂

天主堂内部

天主堂东院

两壁开圆拱形大窗。

　　圣堂纵深共六间。外墙青砖砌筑。每间内为方砖柱，外为圆木柱。外木檐柱上安置体量较大的撑弓。撑弓形式、图案多样，雕工精美。左右两面每间砖墙上开尖圆拱形大窗，共二十个。窗格毁坏，经后人改为大方格，装白玻璃。两坡水木屋架，小青瓦屋面。

　　圣堂外面左右有廊道与后院、东侧院相通。其间做小隔墙、小门。隔墙和小门为中国园林式，砖墙上做小圆拱门，门上做门套，砖墙上部做钱纹瓦窗。后院天井呈"∏"形三合院布局。北面为圣堂后墙，中间为花圃，东、南、西三面为木石穿斗结构单檐悬山式建筑。东厢

顶上做六边形藻井

房面阔四间 22 米。北头两间进深 5.6 米，南头两间进深 2.5 米。西厢房面阔四间 15 米，进深 4.5 米。南正房面阔五间 21.5 米，进深 6 米，一楼一底。左右两头转角各一间，与东西厢房连接。后院为管理办公区。

后院建筑大多采用木柱石柱混用的半截柱做法，即墙裙齐窗台线以下檐柱用六棱形石柱，柱头刻成扁鼓形，成为上截木柱的石础。上截木柱与穿枋梁架穿斗成悬山式屋架，上覆小青瓦。外檐下双挑坐墩，挑枋下支撑弓。墙面为上中下三段式：上段普柏枋之上为篱夹壁粉白；中段门枋之上为卧式木格花窗；其下至木窗台线为川西民居式双扇镂空花条窗。条窗上栏板为镂空花饰，下栏板浮雕人物、花卉、博古图案。窗心有多种，有几何纹、圆形、扇形等，浮雕人物、花鸟、八宝等中式图案。雕花单扇木门。下段墙裙用红砂石板镶砌。条石勒脚。南正房做法大体相同，为穿斗式木石结构，一楼一底。外檐柱采用木石混合柱方式，木柱直到楼层檐下，穿斗结构结成悬山式屋架，上覆小青瓦。檐下挑枋双步挑出檐廊，双挑坐墩，挑头有雕花吊柱。楼上装板做花窗。楼下花窗上部在板墙上用装饰木线条做出象征性三角形尖顶。三角形尖顶下做双扇方格条窗，装彩色或印花玻璃。楼上当心间走廊做竖条木护栏。

东院为接待住宿区。一楼一底，穿斗式木结构，悬山式屋顶，小青瓦屋面。坐东向西。其柱、梁、枋、檩、墙板均为木质。九架梁，用五柱。前檐双挑坐墩，有撑弓吊柱。楼层每间正立面，墙中间开大方窗，两边做印花白粉壁。窗台线以下做横条卧式花格木窗，有"回"字纹、"卍"字纹、"三"字纹等。门额枋以下做雕花木门窗。木装板墙裙。2008 年以后改建为青砖墙裙。是一幢典型的川西清代民居建筑。

牟礼吴圣堂（清）

吴圣堂位于牟礼镇龙凼村（原为安民村），系天主教教堂，始建于清光绪年间。

吴圣堂坐东北向西南，由门厅、圣堂、东西厢房和后筑四个天井组成中西合璧式古建筑群。依中轴线左右对称。教堂院外有围墙围合，正面开大门。

教堂门厅位于圣堂前面，为中式穿斗抬梁木结构、单檐悬山式，小青瓦屋面建筑。面阔五间19米，进深6.2米。九架梁，用五柱。当心间两组内经柱采用穿斗抬梁结构。抬梁上有拉丁文记录和"1890"年纪年，为考证教堂的建造时间提供了准确依据。1890年为清光绪十六年，故教堂圣堂主体建筑建造时间应早于1890年。门厅后面是天井，红砂石铺筑。天井之后为圣堂。

圣堂面阔三间12.5米，纵深七间（含圣坛）29.5米，通高12.2米。圣堂为砖木结构西式教堂建筑。正立面（西南面）为西式教堂门楼，三间四柱。四根方形砖柱直立到顶。柱下做束腰砖座，顶端灰塑西式花篮柱头。四

吴圣堂大门

圣堂内部建筑采用中式穿斗式结构

吴圣堂后院

根立柱之间砖砌门墙。当心间门墙顶部做三角形尖顶，尖顶上立十字架。上、左、右端做梅花形。两次间门墙顶部做卧"S"形曲线墙，两外端做漩涡纹。三间门墙下部各开一个尖拱形门洞，装双重门套。中门稍大。门楣为灰塑条带式花卉、云纹、"卍"字纹等。当心间门楣条带中间灰塑"JHS"三个拉丁字母。"JHS"是拉丁文 Jesus（耶稣）Hominum（人类的）Salvator（救世主）的缩写。门楣条带上方，每间开圆形大花窗一个。两次间圆花窗中间做十六瓣镂空菊花形。菊心又做成圆形，中间镂空八瓣菊花形，花心为五瓣重瓣花形。当心间圆花

吴圣堂鸟瞰图

窗大于两次间。内外共分三层。内一层做小圆圈，内二层做四瓣花形，外缘做大圆圈。中心做十字架，与门楣上的"JHS"三个拉丁字母相结合，意为：耶稣死于十字架上，他拯救了人类。第二圆圈与外圆窗框之间分十六格。四根门柱在门楣条带之上又做束腰座。圆花窗之上灰塑花卉条带式窗楣。当心间窗楣之上做门匾。从右到左灰塑行楷书"天主堂"三字。门匾之上，顶端三角墙中心做三瓣花形，花瓣排列呈"品"字形。

圣堂内部建筑为中式穿斗式结构，十五架梁。两侧外墙柱左右共十六根。内柱两排共十四根呈纵深排列。外墙下部墙裙为砖砌体，以上每间连排三扇尖圆拱形大木窗，木窗满做菱形小斜方格。窗中心做长方形镜框，框内嵌彩色玻璃。穿枋之上至檐下，每间中间做"回"字形木窗，两边做篱夹壁粉白。内柱与外墙柱之间的顶棚为平顶。两排内柱之间顶棚做拱顶卷棚。圣堂后部为安放圣像之圣坛。三面墙呈马鞍形向后（外）突出。后壁正中安放圣像，左右两壁各做圆形花窗三个，从上到下竖排。花窗图案为四瓣花形中间立十字架，与教堂门楼中间的花窗相似，镶彩色玻璃。

圣堂外部建筑为重檐悬山式屋顶，小青瓦屋面。外墙柱在额枋之上，即尖拱形花窗之上挑出腰檐，双挑坐墩，雕花吊柱。腰檐之上粉墙、"回"字木花窗，顶上做穿斗式构架，两坡水，上覆小青瓦，做灰脊。外墙脚做红砂石勒脚。柱础为下六角形、上扁鼓形红砂石础。下层腰檐直接搭于左右厢房屋面上。圣堂后部为"人"字形后山墙。圣坛向后（外）突出的马鞍形部分以四根木柱支撑，在山墙"人"字形屋檐下挑出披檐，檐口呈三折马鞍形，上覆小青瓦。中间两柱施木雕撑弓、吊柱。其下三面木板墙上开镂空圆形花窗，图案构成与门楼相似。花窗以下为腰檐，上覆小青瓦，与后院檐口连通。三面墙上开圆形花窗。窗下砖砌墙裙。

前院前廊、左右厢房和后院均为单檐悬山式屋顶，穿斗式木结构，小青瓦屋面，属川西民居三合院建筑形式。圣堂左右厢房各以长条天井为中心结成两个三合院。后院以长条天井结成三合院，坐向与圣殿同，位于纵轴线上。厢房、后院建筑檐下挑出前廊，以及木雕撑弓、吊柱、雕花木门窗、砖墙裙、红砂石柱础、红砂石砌阶檐、天井铺石板等，这些做法都与邛崃清代民居无异。

牟礼吴圣堂是邛崃市域范围内现存年代最早、规模最大、最典型的中西合璧式教堂建筑群。

古 井

井,《说文解字》:"八家一井,象构韩形。·,瓮之象也。"水井是人类社会生活的重要组成部分,所谓"市井""背井离乡",由此可见。进入20世纪中叶以后,人们使用自来水日多,古井逐渐废弃。

詹氏井

詹氏井(清)

詹氏井位于牟礼镇清河村。始建造于清代。原为詹姓家族所使用。

圆形胆瓶式井。井身上段呈直筒形,中段向外弧出,近底微收。井口直径0.6米,井腹最宽处约1.2米。井深5.2米,水面高度4米。井壁采用砖石间隔混砌,其做法是:一层用青砖平面朝井内横砌一圈,二层用丁砖小面朝井内砌一圈,三层用青砖侧面朝井内平砌一翻,四层又用丁砖小面朝井内砌一圈,五层用红砂石板横砌一圈,朝井内一边加工成弧形……如是往复,从下至上,直至井口,以增强井壁颈、腹弧曲线部位的稳固性。井口方形盖板石,红砂石圆井圈,井圈高约0.3米。这类井的形制和砌筑方法在邛崃现存古井中不多见。

八卦井

八卦井（唐）

八卦井位于茶园乡西禅社区西禅寺内，井与寺庙始建造于唐代，历代均有培修、清淘。至今水质优良，仍在使用。

井身为直筒式，上下一样大小。井平面呈八边形，故名。边长0.5米，井深16米。井内壁使用楔形砖砌筑，砖长0.3米，上底宽0.26米，下底宽0.21米，厚0.08米。井壁规整。上口局部为现代修复。井栏为八边形，每面各用白灰标塑八卦符号。井西侧立照壁一道，嵌石碑一通，竖行阴刻行书"八卦井"三字。是邛崃境内现存年代较早的古井之一。

秦水井（清）

秦水井位于固驿镇公议村2组村民秦树根家门前8米处。始建造于清代。原为马姓家水井，现为秦家使用。

井为直筒井，上下一样大小，平面呈六边形。井壁使用宽0.35米的长条形红砂石板竖式拼接而成。井口为方形红砂石板覆盖，中间开圆孔，做圆形井圈。井口径0.75米,井深5.2米,水面高度4米。这类用条石板直立式六方拼接井壁的做法,在邛崃地下文物勘探发掘的明清建筑遗址中也常有发现。

秦水井

王家井(清)

王家井位于高何镇王家村。始建造于清代。圆形井口,口径0.45米,井内弧壁。井腹最大直径约1.5米,近底略有收小。井深3.9米,水面高度1.3米。剖面呈坛罐形(瓮形),下大上小。井壁用卵石不规则砌筑。红砂石圆形井圈。王家井、詹氏井这类利用卵石、青砖和粘土砌筑井壁的方法,是邛崃西南山区农户打井常用的方法。

王家井

陈槽井

陈槽井（清）

陈槽井位于牟礼镇清河村，小地名陈槽。始建造于清代。

圆形直筒井。圆形井口，直径0.6米，井深5.8米，水面高度4.8米。井壁采用砖石间隔砌筑。从井底用青砖平铺砌筑井壁高0.7～0.8米，又使用红砂条石围砌一圈，其后再用青砖平铺砌筑到一定高度，再用红砂条石围砌一圈……如此往复，直至井口，以增强井壁的稳固性。井口围方形井圈，井圈外地面上做方形井台。此类砖石间隔砌筑井壁的方法不多见。

龙眼井（泉）（清）

龙眼井位于平乐镇禹王社区骑龙山北坡以及西北坡。实为骑龙山上的两口山泉井，相距约150米，皆为圆形，其状若两只龙眼，故名龙眼井（泉）。

1号井位于骑龙山北坡山道旁，北距寿（安）高（何）公路150米。始筑于清代。开敞式凹函形，口大底小，剖面呈不规则新月形（民间俗称

龙眼井

锅底函）。四周用卵石和红砂石分层围砌成不规则圆形。井口直径约 2 米，井深 1.3 米，水面高度约 0.7 米。

2 号井位于骑龙山西北坡上，东距城隍庙 20 米。始筑于清代。开敞式浅函山泉井。平面略呈圆形，剖面呈不规则新月形。井口直径 1 米，井深 1.4 米，水面高度约 0.7 米。边壁用卵石分层围砌成不规则圆形。

龙眼井是典型的邛崃山区农村山泉井做法。

何家井（宋）

何家井位于牟礼镇清河村何德飞家，西南方邻近般若寺（当地俗称波耳寺）。始建于宋代，现在仍在使用。

砖石并用直筒井。井口及井上段为砖砌圆形井身，中段以下为砖砌八角形井身，近底为红砂条石砌筑八角形井身和井底。井口直径 0.48 米，井深 5 米，水面高度 3.2 米。

井壁砌筑用材及方式独特，具体做法是：上段井壁使用宋砖分层砌筑。一层用宋砖长侧立面朝井内竖立砌一圈；二层用宋砖长侧立面朝井内横平

何家井

砌一圈三至四层；三层用宋砖小头侧立面朝井内竖立砌一圈。皆作圆形。中段以下改砌成八角形：宋砖长侧面朝井内横平砌三层，汉砖小面朝井内竖立砌一圈，宋砖横平砌一圈一层，汉砖小面朝向井内竖立砌一圈。依此一横一竖的丁字法砌至近底。近底改为红砂条石砌筑八角形井壁和井底。何家井为邛崃东路宋代古井的做法提供了珍贵的实物史料。

中段以下改砌成八方形

凉水双井

凉水双井（清）

凉水双井位于临济镇凉水村。是略呈南北向并排的两口井，两井间相距 2 米。始建造于清代。

两口井形制相同，规格相近。1 号井口径 0.7 米，井深 7 米。2 号井位置略高于 1 号井，口径 0.6 米，井深 9 米。斜直壁，其剖面为口小底大的喇叭筒形。井壁用卵石不规则砌筑。采用两块长条石板各挖半圆拼成井口盖板和井圈。这是邛崃境内现今比较少见的双井。

吕㘭井（清）

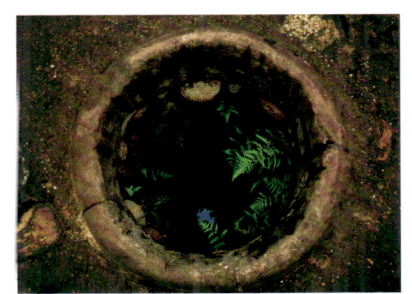

吕㘭井

吕㘭井位于临济镇青华社区，小地名吕㘭的田地中。始建造于清代。

圆形直筒井，腹径比口径略大，腹径约 0.7 米，井深 10 米。圆口，红砂石质圆形井圈。井圈直径 0.5 米，高 0.18 米。井壁采用卵石不规则砌筑，

用卵石、石块铺筑的圆形井台

井口地面用卵石、石块铺筑圆形井台。井台直径约 3.5 米。水质优良，至今仍供当地村民生产、生活之用。

任湾井（清）

任湾井位于平乐镇金河社区，小地名任湾。始建造于清代。

圆形井，口小腹大。剖面略呈坛罐形（瓮形）。井口直径 0.8 米，井腹直径约 1.5 米，井深 5.2 米，水面高度 3.8 米。井壁采用卵石不规则砌筑。原井口为方形，近代改为圆形。四方形红砂石井盖板，红砂石井圈。

任湾井

周林盘井（清）

周林盘井位于羊安镇泉水村（原属泉水乡）周林盘。始建造于清代。

圆形直筒井，井口直径 0.5 米，井深 3.6 米。井壁用红砂条石分层砌筑而成。八边形井盖石，圆形井口无井圈。现仍供当地村民生产、生活之用。

周林盘井

阎家井

阎家井（清）

阎家井位于牟礼镇开元村（原属兴贤镇），为阎姓家族所使用（其后为公用）。始建造于清代。圆形直筒井，斜直壁，口径 0.62 米，底径略大，剖面呈上小下大的喇叭筒形。井深约 5.3 米，水面高度 4.3 米。井壁用条石分层砌筑而成。条石朝井内一面加工成弧形。井口做红砂石井圈，高约 0.15 米，井口外地面用石块铺筑。

夹关文庙墨池（清）

夹关文庙泮池，当地俗称墨池。位于夹关镇临江社区，夹关镇九年制小学校内。该校址原为夹关文庙，文庙今已毁，仅存庙前的墨池。

墨池平面呈横长方形，长 11.1 米，宽 5.2 米，深 2 米。红砂条石围砌边栏，边栏剖面为束腰式，高约 0.6 米。墨池正中原有廊桥呈南北向横跨池上，桥上廊房今已不存。石板桥长 5.2 米,宽 3.8 米。1997 年在桥上新建一重檐四方亭。墨池北边内壁竖排阴刻铭文,有"咸丰六年"(公元 1856 年)纪年。

墨池

墨池北边内壁竖排阴刻的铭文

古 桥

桥，古字亦作礄。从木从石，乔声。《辞海·桥》："架在水上或空中以便通行的建筑物。"古代则专指架于水上利于通行之建筑。《说文解字·桥》："水梁也，从木，乔声。"所以桥自古以来称作津梁、桥梁，在人们的生活、出行中发挥着极大的作用。

邛崃地处川西平原边陲，山、丘、坝皆有，沟河纵横。虽山沟溪流，交通往来亦诸多不便。若遇夏秋雨季，山溪水涨，人们则只能隔河兴叹。所以无论城乡，还是山区平坝，桥梁随处可见。桥有大小，材分石木。大者纵长数百米、数十米，高数米；小者以石板、木板、圆木直接搭于沟河两岸，长仅一二米，高不过一米。更有架缆索为梁，铺以木板，横空于河之两岸。古以竹为缆，谓之笮桥，今更换为钢缆，谓之索桥。皆结合实际，因地制宜，或木便桥，或石板桥，或石平桥，或石拱桥，或跳蹬踏水桥。桥有单孔、双孔、三孔、七孔直至三十三孔之多。又有石平桥上建楼廊、木平桥上建楼廊为廊桥者。楼有单檐，有重檐。楼门多做成牌坊式。桥上皆有坐板，供路人休憩纳凉、避风躲雨，将桥梁利济之人文精神提升到极致，人谓之风雨桥、风雨廊桥、桥楼子。

桥之造型或如彩虹，或如弯弓，或如新月，或如马鞍，或如一坝横江。绮丽、轻灵、厚重、敦实，各领风骚。利用山区资源，就地取材，以石为桥是邛崃明清时期桥梁建筑的主要特点。桥头建碑，碑上刻观音造像，则是邛崃佛教文化慈航普度，宣扬并鼓励人们修桥补路、多行善事的表现形式之一。

邛崃石桥多用条石做护栏，较少使用望柱和栏板。追求简约实用，也是其特点。

邛崃境内许多古代桥梁至今仍在使用。部分位于交通干线上的古代桥梁，在经过维修或改、扩建之后成为公路桥梁，继续服务于邛崃人民，弥足珍贵。

临邛川南第一桥（清）

川南第一桥位于临邛镇东南社区（原属渔唱村）。原桥为石拱桥，始建于道光十二年（公元 1832 年），光绪十四年（公元 1888 年）毁于洪

川南第一桥鸟瞰

水。现存川南第一桥是光绪二十五年（公元1899年）由州牧凤全、州绅周成武、余杰、张梓等人"筹金二万余"，在老桥上游50米处重新修建的三十三孔石平桥。

　　桥呈东北—西南走向，横跨于南河之上。桥原长240米，宽6米，高3米。河床中顺桥梁位置，以红砂条石用丁字做法铺筑海底。桥两端驳岸用条石白灰浆砌保坎挡墙。河床中以条石白灰浆等距砌筑成32个高大的桥墩。桥墩高2.6米，上口横长约7米，宽约1.5米。平面长菱形，中段平直，两端切角稍有尖削，呈舟船形，

川南第一桥呈东北—西南走向，横跨于南河之上

或有称作梭形，俗称鱼嘴。自两驳岸起，桥墩上铺架条石桥板。1958年将桥面抬高1.5米。1963年又将桥墩、桥面加宽。桥面架水泥预制板，桥身中段微向上凸，略呈弧形。今实测桥长240米，宽9.6米，桥面最高点4.8米，是一座人车共用的石平桥，也是邛崃古桥中最长的石平桥。

平乐乐善桥（清）

乐善桥位于平乐镇禹王社区，呈东南—西北走向，横跨白沫江，始建于清咸丰九年（公元1859年），由乡绅张大滨、周潼宣等人主持募资修建。次年因战乱停工，不久复工，于清同治元年（公元1862年）完工。

乐善桥为六墩七孔红砂石券拱桥，全长90米，宽（含护栏）7.3米，中心点高（含护栏）9.3米。桥两端驳岸石砌保坎、做引桥，河床中石砌六墩七孔。桥下河床用条石丁字做法铺筑海底。桥墩鱼嘴长大，平面呈舟船形。桥洞呈莲瓣形，外边砌拱套。拱跨净空6.7米，中心点拱高7.5米。石砌桥身中段微凸，略呈弧形，桥头两端向下斜折，立面呈三折式马鞍形。石板铺筑桥面，桥面长68米。桥两端石砌踏道，踏道平缓，西北头十九级11米，东南头十八级11米。桥面两侧做通栏式石护栏，有栏板，无望柱。

乐善桥

护栏下部条石为基座，上部条石为压顶，上下条石中间开槽，镶嵌长条石板，组成护栏。石护栏高1.1米，厚0.5米。护栏两头立石柱夹鼓，鼓上方刻石狮，鼓侧面刻开光，内刻花卉、人物。

桥身外南侧中间三孔券拱之间刻有浮雕，桥东南踏道北侧桥护栏内开一小龛，龛内刻一小狮。立于方座上，座上有纹饰。2012年7月，四川省人民政府批准公布为四川省文物保护单位。

平乐乐善桥是邛崃境内体量最大、保存最完好的清代石拱桥。

乐善桥头的石狮

平乐金鸡桥（清）

金鸡桥位于平乐镇金华社区，为清光绪十五年（公元1889年）所建单孔券拱石桥。

桥呈南北向横跨金鸡沟，长20米，宽7.35米，通高7.5米。桥两端于沟驳岸条石保坎起拱。券拱呈宽莲瓣形。拱高6米，拱跨8米。以红砂条石白灰浆砌桥身，桥面铺石板。桥两头做踏道上下。北头石砌踏道九步，南头石砌踏道十步。桥面两侧条石护栏。桥两端桥柱上分立石狮一只（现仅存三

金鸡桥头的石狮

金鸡桥

只）。整个桥身侧立面呈三折马鞍形。桥身左右两侧拱顶上方分嵌石刻金鸡头和金鸡尾，而不是通常的龙头、龙尾，以此对应金鸡沟地名和桥名。

天台塔子坝高桥（清）

高桥位于天台山镇土溪村（原属太和乡），小地名塔子坝。塔子坝地名因有联升塔而得名。桥、塔之间相距 100 米。桥始建于清代，单孔券顶石拱桥，呈西北—东南走向横跨于土溪沟上。

桥长 8.1 米，宽 3.6 米，高 3.4 米。两端驳岸条石保坎砌筑桥基，条石券拱，有拱套。拱呈莲瓣形，拱高 2.5 米，拱跨 4.5 米。以条石白灰浆砌桥身，桥面用长条石板横铺二行，中段微凸，呈弧形，两端各筑踏道四级。条石砌筑护栏高 0.6 米，两头做花式。桥身券拱外沿口心浮雕手持板斧之神像一身。

整座石桥高出地面约 1.5 米，外立面呈三折马鞍形。桥由高姓人氏出资修建，故当地百姓称之为高桥。桥碑在联升塔下（另见联升塔），始建于清同治六年（公元 1867 年）。

临近高桥另建有塔子坝券拱桥一座，其形制和建造方法与高桥十分相似，应同为清代所建造。该地是南方丝绸之路古道由邛崃西南通往雅安名山的重要道路之一。

高桥

临邛白鹤桥（清）

白鹤桥位于临邛镇鹤鸣社区（原属白鹤乡）白鹤山下，桥因此得名。为清光绪二十六年（公元1900年）所建单孔券拱石平桥。呈东西走向横跨于竹溪沟上。

桥长10.5米，宽7.5米，拱高4.5米，拱跨6米。桥头驳岸保坎、桥基、券拱、桥身均用红砂条石白灰浆砌。桥身两侧拱套上方分刻龙头、龙尾。

白鹤桥现经加固后，桥面铺混凝土路面，为邛（崃）高（何）路公路桥，其桥拱、桥身均保留原貌。桥头原有清代白鹤桥题名碑，今已不存。

白鹤桥

景沟廊桥（民国）

廊桥因桥上建廊房，故俗称楼桥或桥楼子。景沟廊桥位于大同乡景沟村。民国二十八年（公元1939年）修建。券拱式双孔石平桥，呈东西走向横跨于景沟之上。

桥长11.4米，宽3.2米。高2米。桥头驳岸以红砂条石保坎起券拱。河沟中心砌红砂条石桥墩，平面呈梭形。拱呈半圆形，拱高约1.5米，拱跨约2米。以红砂条石白灰浆砌桥身，做拱套。方形石板铺筑桥面。桥两端做垂带式踏道八级。

景沟廊桥

桥上建单檐悬山式穿斗木结构廊房，小青瓦屋面。原为重檐，后改成单檐。面阔3.2米，长9米，高3.9米，桥廊内双排柱三间十六根，两端各增加门柱一根，建成重檐八字形牌坊式桥门楼。门楼为两重檐三楼庑殿式小青瓦屋面。桥廊外柱之间连接栅栏式木护栏，桥面两侧内外双排柱之间顺桥铺架座板供行人休息。桥身两外侧中段（桥墩）上方分嵌石刻龙头、龙尾。

桥东头岸边立有方柱形石碑一通，上刻《初修廊桥序》，款署"民国二十八年"（公元1939年）。正面从上至下开有小龛三个：上名"观音堂"，刻观音像一身；中名"紫云宫"，刻神像一身；下名"土地堂"，刻土地神一身。两旁皆有联。这类桥碑是邛崃民间民俗文化泛神和多神崇拜的一种表现。

大同紫涧溪廊桥（清）

紫涧溪廊桥位于大同乡干塘村。始建于清雍正元年（公元1723年），嘉庆七年（公元1802年）培修。

紫涧溪廊桥

廊桥呈东西走向横跨于紫涧溪上。两墩三孔木平桥，桥上建廊房。桥长12.6米，宽3.7米，高4.2米。桥头驳岸垒石保坎，在河床中间用条石垒砌桥墩两个，平面呈长方形。驳岸保坎和桥墩之间架圆木为梁，桥面铺以木板。桥上建木廊房，重檐悬山式，穿斗木结构，小青瓦屋面。桥廊面阔三间四柱3.7米，纵深长五间六柱12米。桥廊内外双排柱各八根共十六根，檐门柱各四根共八根，用柱二十四根。牌坊式楼门下层单加一柱，做前披檐式单坡水小青瓦屋面。廊外柱之间连接做栅栏式木护栏，栏高1.3米。内外双排柱之间顺桥铺长木板为坐凳，可供行人遮风挡雨及休息，设计富于人性化。桥头西岸立有《捐修紫涧溪楼桥记》石碑一通。

捐修紫涧溪楼桥记石碑

茶园头堰铁索桥（清）

索桥位于茶园乡张坝村，小地名头堰，因邺江上的"头堰"而得名。桥以熟铁棍为缆索，飞架两岸而成，俗称铁索桥、寰桥。索桥呈东西走向横跨于邺江之上，桥长70米，宽2.9米。由桥头堡、桥头石柱和铁索组成索桥主体结构。桥头两驳岸用红砂条石砌筑高大的桥头堡，略高于河岸，其上分立石柱各两根。架设粗大铁索十一根。九根平铺作梁架底索承重，底索梁架上横平铺木板为桥面。木板桥面中间和两侧再纵向直铺木板呈三行，既可加强桥板之间的连接，又便于行人或车辆（鸡公车、自行车）通行。两根铁索从桥两头石柱上穿孔而过成为吊索护栏。在护栏铁索上间隔

茶园头堰铁索桥

使用"人"字形细铁索与桥面底索外沿两根铁索相连接（悬挂）。吊索自然下垂呈弧形。桥面亦略下垂。桥头十一根直径约0.05米，长约6米的熟铁棍，一端顺桥头堡斜坡铺设，穿销铆接固定于地堡。另一端在桥头堡前段使用扣接法与桥熟铁棍缆索连接。桥头石柱顶上刻小狮，匍匐，昂首。柱内侧刻一联板，板上阴刻对联。其一："效李冰遗则；法郑侨留规。"此联点出当地在邛江修筑河堰水利工程之事。其二："虹遮波里日；蜃掩浪中天。"该桥为邛崃境内现存最大的清代悬挂式铁索桥。

桥头石柱顶上刻小狮，柱内侧刻对联

周沟桥

茶园周沟桥（明）

周沟桥位于茶园乡周场村，小地名周沟。据碑记载，周沟桥始建于清代。单孔券拱式石拱桥，呈东西走向横跨于小溪之上。

桥长8米，宽2.5米。桥从两驳岸保坎上用条石券单拱，拱跨约5.5米，拱弧平缓。以条石砌桥身，石板铺桥面，单层条石做护栏。两端各砌踏道六级，各长3米，两端踏道总长6米。桥顶平面仅长2米。整个桥身造型线条简洁，姿态轻灵、优美。

西侧桥头北面河岸上立方柱形建桥功德石碑一通。

建桥功德石碑

谢家坝铁索桥

谢家坝铁索桥（清）

索桥位于茶园乡谢家坝村，呈东西向横跨于邮江之上。始建于清代。

桥两端河岸上以卵石砌筑的高大的桥头堡高出于河岸，又用卵石在河心砌筑高大的桥墩一个。桥墩（至水面）高约 5 米，上小下大，底平面呈尖梭形。两驳岸桥头堡和河心桥墩上均分立方石柱两根，用于铺架护栏铁索。共用粗熟铁棍九根为缆索，七根铺架成桥梁架底索，两根架成护栏吊索。底索梁架上横平铺架木板而成桥面。其做法与头堰桥相同。唯桥中立一桥墩，使桥分为两段。桥长约 70 米，宽约 2.2 米。

天台杨沟廊桥（清）

杨沟廊桥位于天台山镇纪红村，小地名杨沟。始建于清光绪年间。木石结构廊桥，呈东南—西北走向横跨于杨沟小溪之上。

桥身为单孔券顶石平桥，长 17.6 米，宽 3.5 米，高 1.8 米。桥头两端延伸到沟岸约 5 米处。桥头驳岸砌保坎。直接从两岸做桥基起券拱，拱周做拱套。桥基伸入沟内约 1.5 米。拱弧浅，跨度小，拱跨约 2.5 米。桥面

杨沟廊桥

铺石板。桥西北端直接做石阶通往岸边山坡上,桥东南端从桥头北侧做垂带式踏道而下。

桥上建重檐房廊,穿斗式木结构,小青瓦屋面。面阔 3.4 米,纵深长三间 10.6 米,通高约 5 米。七架梁,用四柱三穿,共四个排列组成,悬山式屋架。檐柱和内柱双排柱,分别每两根一组立在一块横石条上。西北头排列的四根桥柱立于桥头坡岸上。东南头排列的四柱也立于桥头坡岸上。檐上覆小青瓦屋面。桥中间四柱(两根外柱、两根内柱)直通顶层,以穿斗结构结成上一层悬山式屋顶,上覆小青瓦,檐下挑枋上有雕花吊柱共四根。脊檩有彩绘太极阴阳鱼等图案。

根据桥两端廊柱立于两岸坡地上,其柱基高于桥面上的廊柱基础,东南头下桥踏道不在桥廊中间,而是从东南第一间内往东侧穿出这一现象推断,桥廊应为后代增修。

桥上北侧残存桥碑一通,字迹风化。

水口平安桥(清)

平安桥位于水口镇梁山村。始建于清代。为十五孔石平桥,呈西北—东南走向横跨于文井江之上。

平安桥

桥长87米，宽约1.4～2.3米，高约2.2米，桥板厚约0.5米。桥两端河岸以红砂条石白灰浆砌驳岸，河床中用红砂条石等距砌筑高大的桥墩十四个。桥墩高度不一，平面呈梭形。桥墩上口截除桥面宽、厚尺寸空间，用以嵌入石桥板。

整座石平桥的设计施工因地制宜，其桥面不在同一水平上。两岸坡岸较高且陡，故将桥两头设计为梯级式，即从坡岸上有石梯到达桥头堤岸（桥基）。堤岸上用条石五根并排搭建在第一个桥墩上口。在第一个桥墩上向河心面的中间砌石梯五级往下。在第一个桥墩向

平面、立面变化丰富的平安桥

河心面的石梯下口，又用条石四根并排架于第二个桥墩上口。在第二个桥墩上向河心一面的中间砌石梯三级往下。再从第二个桥墩向河心面石梯的下口用三根条石铺架石板。如此则呈现两端桥头桥面第一洞最高，从桥墩上下梯步至第二孔桥面，再从桥墩上下梯步至第三孔桥面的两头渐高、中间低平的形式。中间平桥共十一孔。就桥面宽度而言，也是中间九孔最窄（三根条石，宽约1.4米），两端第二、三孔稍宽（四根条石，宽约1.8米），第一孔最宽（五根条石，宽约2.3米）。

平安桥是邛崃境内最长的条石桥面石平桥，也是石桥平面、立面变化最为丰富的古桥。

大同猴嘴桥（清）

猴嘴桥位于大同乡盐水村。始建于清代。为单孔券拱式石桥，呈东西向横跨于小溪之上。

桥长7米，宽3.15米，高3.9米。拱跨5米，拱高3.6米。桥头驳岸石砌保坎。直接从两岸做桥基起拱，拱略呈尖拱形，以条石砌拱套和桥身。桥面铺石板，条石筑低矮桥栏（已毁），桥面很薄，呈弧拱形。

猴嘴桥

火井福禄桥（清）

福禄桥位于火井镇纸坊村。始建于清道光十四年（公元1834年）。单孔券拱式石拱桥，呈东西向横跨于谢家沟上。

桥长6.5米，宽3米，高4米。沟岸两边地势较平，用红砂条石从两

福禄桥

端筑驳岸保坎和宽厚的引桥桥基。由桥基上直接起拱,拱呈莲瓣尖圆形,拱上覆拱套。拱上以石板铺筑成桥身,桥身呈半弧形。整座石桥呈满弓状弧拱,为典型的玉带式古桥形制。至今仍在使用,供路人通行。

　　桥东头岸边有桥碑一通,四方柱形,庑殿顶。正面上下各开一龛。上龛为方形帐形龛,内刻观音坐像,龛楣阴刻"慈航普渡(度)"四字,龛下刻仰莲一朵。左右刻联。下龛呈弧拱形,内刻文官一身。龛上刻"福禄桥"桥名。背面阴刻"大清道光十四年十月"。

四方柱形、庑殿顶桥碑

汪沟桥

道佐汪沟桥（清）

汪沟桥位于道佐乡砖桥村，小地名汪沟。始建于清末。单孔券拱式石平桥，呈南北向横跨于汪沟之上。

桥长8.3米，宽4.4米，高4.3米，拱跨4米，拱高3.5米。桥头驳岸以卵石、条石砌保坎，从两岸直接起拱。拱壁下段较直，上段弧拱，细边拱套。以石砌桥身，石板铺成桥面，桥面薄而平直。

磐陀寺竹溪桥（清）

竹溪桥位于临邛镇磐陀村。始建于清代。一大一小，共两座，皆为三洞石平桥。两桥并排，相距5米，呈东北—西南向横跨于竹溪之上。

下桥桥头两岸以红砂条石白灰浆砌驳岸保坎挡墙。河床中间以条石等距砌桥墩两个，平面呈舟船形。其上架大石条为桥板，每三根并列，共九根。长10米，宽1.3米，高约3米。桥两端连妾九级垂带式踏道。上桥位于下桥西北5米处。两岸桥头砌驳岸保坎，河中石砌两个桥墩，平面呈长方形。上架条石，每三根并排为桥板，共九根。长10米，宽1.3米，

竹溪桥

高约 1.5 米。长、宽与下桥相同,唯桥墩矮小。

下桥东北头河岸有桥碑四通。其一大碑上阴刻行书"竹溪桥",下署"郡人植之芳书"。碑为红砂石质,通高 1.2 米,宽 0.5 米,厚约 0.06 米。

临邛松安桥(清)

松安桥位于临邛镇石燕村。始建于清代。单孔券拱式石桥,呈东北—西南走向横跨于溪沟之上。

桥长 7 米,宽 3.7 米,高约 3.1 米。从沟岸两边直接做驳岸基础起拱,券拱上口弧度平缓。拱外沿砌拱套。以条石白灰浆砌桥身和护栏,两端石砌台阶连接上下。原名松鞍桥,桥头原有清代"松鞍桥"石碑一通,今已不存。

松安桥

青石桥

临邛青石桥（清）

青石桥位于临邛镇黄鹤村，为清代所建四孔大青石平桥，呈东西向横跨于小溪河之上。

石桥长15.5米，宽1.2米，高2.2米。桥头地势平坦，桥头两端驳岸以条石砌筑保坎挡墙，长约6米。河床中以条石等距砌桥墩三个，平面呈舟船形。其上在驳岸保坎和三个桥墩之间，并排架铺青石条三根，共十二根结成桥面。桥面青石条每根长约3.8米，宽约0.4米，厚约0.35米。

临邛文兴桥（清）

文兴桥位于临邛镇邱店子村，为清代所建三孔石平桥，呈东西向横跨于宋河之上。

桥长8米，宽1.2米，高2.2米。桥头两端驳岸红砂条石白灰浆砌保坎。河床中间用红砂条石白灰浆等距砌筑桥墩两个，平面呈舟船形。中间两个桥墩略高于两岸保坎。采用三根大条石并排，直接铺架成桥面，共用大条

文兴桥

石九根。中间桥墩顶上刻有龙头,今已风化。桥西头岸边有方形桥碑一通。

临邛赵店子桥（清）

赵店子桥位于临邛镇盐坝村,小地名赵店子。始建于清代。单孔券拱石桥,呈东西向横跨于赵店子河沟上。

桥长5米,宽2.7米,高2米。条石券拱,做拱套和桥身。石砌桥栏,石板铺桥面,两头各做踏道三级供上下。

赵店子桥

牟礼女儿桥（清）

女儿桥位于牟礼镇杨柳村（原属兴贤镇）。始建于清代。单孔券顶石拱桥，呈东西向横跨于小河沟之上。

桥长12米，宽2.7米，通高2.7米，拱跨3.6米，拱高2.2米。以红砂条石从沟两岸起弧拱，弧度浅而平缓。以条石砌筑桥身和引桥。桥身矮小，两端延展较长。桥面铺石板。桥面在券拱顶位置稍呈弧形。以条石做护栏（已毁坏）。杨柳村引水渡槽从桥上方通过。

女儿桥

大同镇龙桥（清）

镇龙桥位于大同乡中华村，又名中华村廊桥，始建于清代同治六年（公元1867年）。桥呈东北—西南走向横跨于溪河之上，为双孔木构平桥。

桥头两端驳岸以石头垒砌保坎，河心月红砂石条石砌筑桥墩。自两桥头始，在桥墩之间架木梁而成桥身。桥长13米，宽3.1米。桥面在横平铺的木桥板上加铺纵向木桥板。桥面两侧各起双排木柱十二根（檐柱六根，内柱六根），共二十四根。搭穿斗结构梁架木廊，其上覆两重檐。在六根内柱顶上搭穿枋，中间立童柱，做上层"人"字形屋面，呈左右两坡水。又在上层屋檐下，内柱与檐柱间搭穿枋，做第二层腰檐。桥头以中间两根内柱做门楼，柱顶前后穿枋跳出"人"字形屋架，呈前后两坡水，高于上层屋脊，前坡略长于两重檐头，后坡搭于上层屋面。上覆小青瓦，做瓦脊。廊檐柱间立瓶式木栅栏。在檐柱和内柱之间，顺桥面置宽木板连通式坐凳。廊高4米。此廊桥与大同乡现存其他两座廊桥建筑方式和风格略有区别。

镇龙桥

东北方桥头岸有方柱形石碑一通,庑殿顶。碑身刻有记事及佛像。阴刻"镇龙桥"桥名,署"同治六年"。

平乐五松桥（清）

五松桥位于平乐镇洗马社区。始建于清代。单孔券拱式石拱桥,呈东南—西北走向横跨于小溪之上。

桥长 7.5 米,宽 4 米,高约 4 米。以红砂条石从沟两岸做桥基、驳岸并直接起拱,拱套单薄。石砌桥身。石板铺筑桥面。两端各做六级踏道供上下。桥面两侧石砌护栏大部毁坏。桥券拱外沿浮雕佛神和瑞兽（水兽）三幅,为邛崃现存古桥中所少见。

五松桥

文福桥

天台文福桥（民国）

文福桥位于天台山镇。始建于民国十五年（公元1926年）。二孔石平桥，横跨于小溪之上。

桥两头为山坡地，红砂条石浆砌驳岸保坎，河心条石浆砌桥墩一个，平面略呈长椭圆形。桥上用两块石板并排铺架成桥面（共四块桥板）。桥长约8米，宽约1.2米，高约2米。两桥头和中间桥墩上，桥板左右外侧各立桥栏石望柱一根。石望柱高1米，平面呈四方形，边长约0.2米。石柱上、下各打圆孔一个，用圆管穿过，连接成栏杆。该桥这一护栏形式，为考证部分石桥桥头、桥墩两端上口遗留下来的方形或

文福桥桥碑

圆形柱洞之用途，提供了实物依据。

桥头山坡上立石碑一通，楷书阴刻竖排大字"文福桥"。碑下方开龛刻土地神一身。周刻功德名号，款署"中华民国十五年岁在丙寅桂月"。

大同龙凤桥（清）

龙凤桥位于大同乡中华村。始建于清光绪四年（公元1878年）。单孔券拱石桥，呈东西向横跨于溪沟之上。

桥长17米，宽5.25米，高7.6米。以红砂条石自溪沟两岸直接砌保坎起拱，券拱桥洞呈尖莲瓣形。拱高6.4米，拱跨8.86米。券拱之上以石砌桥身，中段高凸，两头下斜，桥顶平面与两头所接之石踏道和条石护栏，立面整体呈三折马鞍形。桥顶平面长度3.9米，约占桥面总长度的四分之一。两端踏道共长13.1米。东桥头踏道十五级，西桥头踏道十七级。桥身两外侧拱顶上方分嵌龙头、龙尾石刻。桥头立六方柱形石碑，六角攒尖顶，刻瓦垄、瓦当、翼角及花饰。横排阴刻"龙凤桥"名和观音、神、土地像三小龛。款署"光绪四年戊寅初冬"。

龙凤桥

福善桥

大同福善桥（民国）

福善桥位于大同乡陶坝村。始建于民国二年（公元1913年）。单孔券拱石桥，呈东南—西北走向横跨于陶坝小溪之上。桥长12.7米，宽3.7米，高5米。以红砂石砌拱圈，拱呈半圆形。石砌桥身，桥面铺石板，中段微向上凸，略呈弧形，两端引桥较长，向两端延展，无踏道。两侧有条石护栏。桥北端岸边有桥碑一通，长方柱形，竖行阴刻"福善桥"。碑下方开三小龛，分刻佛、神、土地像。

长方柱形桥碑

天生桥

大同天生桥（清）

天生桥位于大同乡永兴社区。始建于清道光八年（公元1828年）。三孔券顶式石拱桥，呈南北向横跨于青竹堰之上。

桥长18米，宽6.4米。以红砂条石起券拱，有拱套。以红砂石垒桥墩两个。桥墩立于河中天然岩石上，以河中岩石为桥墩基础，三券拱分搭于桥墩上。石砌桥身，中段向上微凸，呈拱形。中间拱高6.4米，拱跨6.7米，两端拱跨3.4米。桥面原为石板，今改成水泥桥面，两侧有石栏。桥北头有方柱形石碑一通，高1.4米，庑殿顶，四方形碑身，阴刻"天生桥"桥名，署"大清道光八年仲夏上浣"款。碑正面开小龛，刻观音、神像。

天生桥桥碑

万福桥

大同万福桥(清)

万福桥位于大同乡盐水村。始建于清代。单孔券顶式石拱桥,呈东西向横跨于小溪之上。桥长13.4米,宽4.2米,高5.2米。以红砂条石从两端驳岸保坎直接起拱,券拱略呈半圆形,拱高4.7米,拱跨7.2米。券拱之上石砌轻薄的桥身,桥面中段凸起甚高,弧度较大。桥面铺筑石板。桥顶长4.2米。两端各有十二级石阶踏步,踏步总长9.2米,约占桥面总长的四分之三。外形呈弧拱形,为典型的虹桥造型,十分别致。

万福桥局部

道佐天生桥（清）

天生桥位于道佐乡万福村。始建于清道光二十二年（公元1842年）。呈西北—东南向横跨于溪河之上。

为单孔券拱石平桥，红砂石白灰砌筑。桥长10米，宽5.1米，高10米。两端桥脚宽厚，条石券拱呈莲瓣形，券拱有拱套，拱高8米，拱跨8.4米。拱和桥脚之上砌桥身。桥面两侧有条石护栏。桥面原铺红砂石板，今改为水泥路面。天生桥是单孔券拱石桥中，券拱洞较高的一类。

天生桥

固驿平康桥（清）

平康桥位于固驿镇仁寿村。始建于清同治七年（公元1868年）。呈南北向，为三孔券拱砖石拱桥。

长约37米（含引桥），宽6米，桥两端驳岸以红砂石砌保坎与桥脚连接。河中分立梭形红砂石桥墩两个。青砖券成拱圈，略呈半圆形，双层拱套。桥脚及桥拱之上以红砂石白灰砌筑桥身，中段向上微凸，侧立面呈弧形。桥面横向铺筑石板。在桥面中线上，用条石顺

平康桥头的三间四柱桥碑

平康桥

桥面从头至尾纵向砌成一条隔离带，把桥面一分为二成两条通道，为其他桥所不见。桥面两侧有条石护栏。券拱外侧拱套做粉白彩绘。南端桥头岸边5米处有桥碑一通，三间四柱，重檐仿木结构，三开间分立三通纪事石碑。当心间碑记上方辟额匾，嵌横长方形石匾一道，横排阴刻行书"平康桥"三字。碑上刻花卉等纹饰，碑柱上有联文。

三和乐善桥（清）

乐善桥位于火井镇三和社区（原银杏乡）。始建于清光绪二十二年（公元1896年）。为双孔石平桥。

桥长6.6米，宽1.44米，高1.9米，呈东北—西南向横跨于溪沟之上。桥两端驳岸以红砂条石砌保坎。河心以红砂条石浆砌桥墩一个，平面呈梭形，与两岸保坎齐高。从河岸至中心桥墩用六根长3.05米，宽0.45米，厚约0.5米的巨大条石两两相连，并排搭建成桥面。桥面共用六根条石搭成。桥头保坎和中心桥墩上凿切出桥面宽度和厚度的空间，再将条石桥面镶嵌在桥头保坎和石桥墩上，桥头、桥墩与桥面高度在同一平面上。中间桥墩向左右伸出桥面两侧部分，作为有效交会空间，为行人相互避让提供了方便，是邛崃西南最为常见的便桥。桥南侧岸边有方石柱式桥碑，庑殿顶，阴刻"乐善桥"名和"大清光绪二十二年丙申吉日谷旦"款。浮雕有净瓶观音和土地神像。

乐善桥及其石柱式桥碑

双溪河桥

道佐双溪河桥(清)

双溪河桥位于道佐乡万福村。始建于清代。桥为三孔石平桥,呈南北向横跨于双溪河之上。

桥长 11.8 米,宽 1.4 米,高 2.1 米。桥头驳岸以红砂条石砌保坎,河中以红砂条石白灰浆砌桥墩两个,平面略呈梭形。从驳岸保坎到桥墩之间,以断面呈方形的长大条石,三根并排,共九根作为桥板,架成桥面。桥板嵌在桥墩上,桥板与桥墩上口为同一平面。两桥头和两桥墩中间,桥板对接处,另嵌一块条石横置作为锁口石。桥头左右两边石保坎和桥板两侧各有四个方形柱洞,推断其上原有护栏或木廊建筑,今已无存。

固驿黑石桥(清)

黑石桥位于固驿镇南京村。始建于清代。为三孔券拱式砖石拱桥,呈南北向横跨于溪河之上。

桥长 19 米,宽 3.9 米,高 5 米。桥两端驳岸石砌保坎,河心有两个石砌桥墩,平面略呈梭形。保坎和桥墩上砖砌券拱,双层拱套。拱较高。中拱高 3.8 米,拱跨 5 米。两边拱高 2.9 米,拱跨 4 米。砖砌桥身,石板铺筑桥面,从桥中心点向桥两端下折,桥身整体略呈两分水坡屋面式,十

黑石桥

分别致。中拱高大而两侧拱稍矮小，形成中间高、两边矮的格局。桥面两侧有条石护栏。桥身两侧粉糊后涂成砖灰色，以墨线画砖格。拱套绘土红色。桥身呈灰黑色，故名。

火井状元桥（民国）

状元桥位于火井镇状元村。始建于民国十一年（公元1922年）。桥为十一孔石平桥，呈东北—西南向横跨于文井江之上。

桥长60米，宽1.25米，高1.7米。桥头驳岸以红砂石砌成保坎，江中等距用红砂石白灰砌成梭形桥墩十个。在桥头驳岸保坎和各桥墩之间，用平面呈方形的长大条石为桥板，三根并排架成桥面，桥板大条石共计三十三

状元桥碑

状元桥

根。桥头另连接有石踏道上下。桥东侧有状元桥碑（另见状元桥碑）。碑署"民国十一年岁次壬戌冬"。

牟礼开元桥（明）

开元桥位于牟礼镇（原战斗乡）开元村。该地原有开元寺，故名。始建于明代。呈南北向横跨于烂槽河上。

桥为单孔券拱砖平桥，长9米，宽5.8米，高2.6米，拱跨4.3米。桥基、券拱、桥身、护栏均采用青砖白灰砌筑。单砖券拱外加拱套，复用单砖在其上再券一层，再叠一层砖雕拱套，成为双层券拱、双层拱套，既加强了桥拱的

开元桥身券拱两旁分嵌方形团花陶版

开元桥

应力，又使外观更加敦实。其上有部分桥身采用一横一竖丁砖砌筑法修砌。护栏采用顺砖式修砌。青砖铺筑桥面。桥身东侧拱顶上方嵌长方形石板，阴刻"开元桥"名。西侧桥身券拱两旁分嵌方形陶版，刻团花图案。桥栏外侧嵌长方形砖雕，刻双麒麟拜佛和八宝图案。当代有改扩建。

该桥为邛崃境内保存下来的为数不多的明代砖拱平桥，弥足珍贵。

平乐永远桥（清）

永远桥位于平乐镇骑龙村，又名探花桥。始建于清道咸年间，光绪二十六年（公元1900年）培修。桥为九孔石平桥，古为邛崃至雅安名山大道，呈东南—西北向横跨于石头河之上。

桥长42米，宽1.6米，高1.5米。以红砂条石垒砌桥墩八个，平面略呈舟船形，与河岸保坎等高。桥墩间跨度5米，其上每孔用五根长大方形条石架设桥面。在桥墩位置、桥面桥板接头处，横置条石两根作为锁口石。整个桥面与桥墩、河岸保坎上口平齐。桥墩位于桥面左右两侧的伸出部分，有效解决了行人、鸡公车（独轮车）的避让问题。桥头西侧岸边有重檐仿木结构桥碑一通，六柱五间，面阔9米，通高3.1米。当心间碑阴刻"永远桥"名，两侧碑刻维修纪事及捐资功德人名，下署"光绪二十六年四月"。碑柱上有阴刻对联两副。

永远桥

矗立于桥头西侧岸边的重檐仿木结构桥碑

四德桥

临邛盐坝四德桥（清）

　　四德桥位于临邛镇盐坝村。始建于清道光十七年（公元1837年）。单孔石拱桥，呈东南—西北向横跨于溪河之上。

　　桥头驳岸石砌保坎，桥基两头延长做引桥基础，临河岸起拱，红砂石券拱呈半圆形，有拱套。其上以红砂石砌桥身，长15米，宽4.6米，拱跨7.1米。桥两端各有十二级踏道。桥面两侧立石望柱夹栏板。桥侧立面呈三折马鞍形。桥头望柱为石狮柱头，共四个。桥西北头岸边有六边形庑殿顶桥碑一通，残高1.5米。阴刻"四德桥"名和"石工师杨仲超，道光十七年冬十一月初十，生员杨德新书"等铭文。

水口飞仙桥（清）

　　飞仙桥位于水口镇集群社区。始建于清代。俗名老桥。为三孔券拱式石平桥，呈东北—西南向横跨于文井江之上。桥长64.5米，宽9.9米，高11米。桥头驳岸石砌保坎桥基。河中以红砂石白灰浆砌高大的桥墩两个，鱼嘴平面呈梭形。红砂条石券拱，略呈莲瓣形，外有拱套。以条石白灰浆砌桥身，中段微凸。中拱高8.6米，拱跨13米；两侧拱高7.8米，拱

飞仙桥

跨11米。中拱上方桥身两侧，雕饰有龙头（西北侧）、龙尾（东南侧）。桥面铺石板，两侧有条石护栏，两端引桥较长。

桥面现已改成公路桥水泥路面。该桥建筑式样、结构与清同治元年（公元1862年）所建平乐乐善桥有许多相似之处。对研究这一时期邛崃西南石桥建筑有着较大意义。

桥身一侧雕饰的龙

夹关永寿桥及桥碑（清）

永寿桥位于夹关镇临江社区。建于清咸丰元年（公元1851年）。十三孔石平桥，呈南北向横跨夹关河。

桥长66.7米，宽1.8米，高1.4米。桥两端驳岸以红砂条石砌保坎并

永寿桥

接上岸踏道。河中以红砂条石砌筑桥墩十二个,平面略呈舟船形。并排架大条石四根为桥面。桥南头河岸立桥碑。碑为红砂石单檐庑殿式仿木结构建筑。十一间十二柱,面阔14.8米,通高2.4米,厚0.7米,分嵌纪事碑一通,功德碑十通,碑文楷书阴刻。间柱宽0.22米,碑页高1.7米,宽0.95米。柱上刻有对联。石檐四角上翘,刻屋脊和瓦垄。桥碑左右两端有石刻夹鼓一对,鼓面刻团花式瑞兽、花卉图案,外侧上方半圆雕卧羊一只。该桥碑为邛崃现存古桥碑中碑页数量最多,横列最长的石刻桥碑。

下游100米处尚存庆元桥碑、万福桥碑四通。

2013年9月,成都市人民政府批准公布为成都市文物保护单位。

永寿桥桥碑

位于永寿桥下游100米处的庆元桥碑

附录：万福桥序[1]

戴纶哲

夹门关在邛南八十里，首受蒙水分导之，北流而下注于文井江。前余忝铎是邦，因杨氏建坊，偶至其地。见两山夹岸如门，中横一水，旧置石桥二，皆矮小。夏秋溪流暴涨，溺者恒众。余窃相其势，谓绍涟杨生曰：下许可建一高桥，以利往来。生曰：此吾先生邦林公志也。行当竭力谋之。盖乘舆济人、轿非郑相，而河渠成志，固载《汉书》。似此与立之谈，初非为风水计。嗣余挂冠回籍，被议自讼，而文字之孽，日扰于身。誓为封笔者，已屡易寒暑。今春得生来函，谓斯桥告成，岸阔二十二丈，为洞有七，高二丈，宽一丈，上建桥楼二十三间。综费一万余金。其中困难莫可言状。寻蒙崧生伍老夫子题名曰：万福桥。取万福攸同之意。故不惮千里，请余为记。余顾谓诸子曰：有志者事竟成，杨生之谓也。夫天下无难成之事，第以辛千苦万，而议谤交乘，人自不耐耳。苟充是志以干国家，则堂堂中土，究何难震烁环球，而登三迈五。余亦乌得而记之。为记年记月，自古有征。是役也，始于前清己酉年[2]秋九月念（廿）四日，竣于民国甲寅年[3]春三月二十八日,是为序。

注:①万福桥,位于夹关镇,桥楼今已不存。
②己酉,宣统元年,公元 1909 年。
③民国甲寅,民国三年,公元 1914 年。

冉义马代桥(清)

马代桥位于冉义镇共富村。始建于清乾隆年间,民国元年(公元 1912 年)维修。为三孔券拱式砖石拱桥,呈东北—西南向横跨于桤木河之上。

桥长 20.6 米,宽 4.6 米,高 4.7 米。桥头驳岸石砌保坎桥基,河中红砂条石砌筑桥墩两个,平面呈梭形。青砖券拱,做双边拱套,其上以青砖砌筑桥身。桥身中段较高上凸,以长条红砂石做护栏。中间拱高 3.6 米,拱跨 6 米。两端拱高 3.4 米。桥身侧立面略呈两坡屋形,有称为雁翅形。桥身两侧面外粉青灰色,画砖格墨线。桥墩上方的桥身用土红、墨色(勾线)彩绘两幅团花图案,外圆绘万不断纹饰。拱圈粉白、土红、墨色(勾线)彩绘如意云纹。

马代桥

冯坝张家跳墩桥

天台山冯坝张家跳墩桥（清）

冯坝张家跳墩桥位于天台山镇冯坝村。桥呈西北—东南向横跨于冯坝河之上。红砂石质，其修造因地制宜，十分独特。

整个桥共分为四段，分别由间隔的两段平桥和两段跳墩桥连接而成，总长17.9米。桥两头驳岸石砌简易保坎，并连接桥两头河岸石板小路。河中建船形石桥墩三个，横长1.55米，宽0.5米，高约1米。桥西北头从河岸至第一个桥墩用两根长石条并排做桥板搭成平桥，桥面宽0.86米。河心第一个桥墩至第二个桥墩之间，在河中排列八个石墩，每个石墩横长1.1米，宽0.5米，

跳墩桥

高 1 米，平面呈一头尖（迎水流方向）、一头平，称为汽艇形或草鞋形，由整石做成。其上不搭桥板，成为跳墩桥。第二至第三个桥墩之间同样用条石做桥板搭成平桥。第三个桥墩至河岸，河中又排列八个石跳墩，桥的节奏成为平桥→跳墩→平桥→跳墩，其中平桥段总长 6.4 米，跳墩段总长 10.5 米，共计十六个跳墩。不仅具有建筑之节奏美，更主要的是在山区河水暴涨时，跳墩间距虽密但墩上可以漫水。平桥虽有桥板，但墩距较宽，也利水流，不易因大水而毁桥，是水利桥梁建筑上的民间科技典范。

2013 年 9 月，成都市人民政府批准公布为成都市文物保护单位。

前进宋水碾桥（清）

宋水碾桥位于前进镇凤凰村。始建于清代。为三孔石平桥，呈南北向横跨于堰沟之上。

两桥头沟岸垒石保坎，沟中石砌桥墩两个，平面呈舟船形。桥墩之间并排架设三根，共九根长条石构成桥面。桥长 11.9 米，桥面宽 1.1 米，桥高 1.8 米，桥墩宽 2.2 米，最厚约 0.8 米。桥墩两端伸出桥面约 0.5 米，上口有方形柱洞，原来平桥两侧应有石柱木护栏，今已不存。此类桥属于邛崃坝区小河常见之简易平桥类型。

宋水碾桥

陈水碾桥

临邛陈水碾桥（清）

陈水碾桥位于临邛镇胜利村。始建于清代。为双孔券拱砖石拱桥，呈东西向横跨于小溪河之上。

红砂条石保坎做墩基，青砖券拱。红砂条石砌桥身，石板铺桥面，条石为护栏。桥长8.6米，宽2.9米，高2.3米，拱高2米，拱跨2.5米。

桃源桥及桥碑（清）

桃源桥位于平乐镇花楸村（原下坝乡官田村）与水口镇纸坊村相接壤之古道上。始建于清代。为单孔券拱石拱桥，呈南北向横跨于纸坊沟之上（古代有称桃源溪，纸坊沟得名于沟内有很多造纸作坊）。

桥长6.6米，总宽3.8米，高约5米。以红砂石自两岸起拱，桥洞略呈莲瓣形，拱有边套。红砂条石白灰浆砌桥身、护栏。桥面铺石板。桥两头各有两级踏道。桥身两侧面分嵌龙头、龙尾石雕。

桥南头有相连的桥碑二通。一通小碑为插屏式单碑，阴刻纪事、功德。一通大碑为庑殿式桥碑。大碑中间竖排阴刻行书"桃源桥"三个大字，下款署名有"举人高重钊""廪生赵维垣撰、何国栋书"。小碑款署"光绪三十二年丙午"（公元1906年）。碑文有"上通西藏，下达北京"之语，表明这座桥和古道的历史、作用及走向。

桃源桥

竖排阴刻"桃源桥"三个大字的庑殿式桥碑

福康桥

临邛福康桥（清）

福康桥位于临邛镇石燕村。始建于清代。为两孔石平桥，呈西北—东南走向横跨于小河之上。

桥头驳岸以条石砌保坎，河心石砌桥墩一个，平面呈梭形。桥面架条石为梁，长7.75米，宽2.4米，高1米。桥西北头岸边有桥碑一座，重檐庑殿顶，三间四柱。当心间阴刻行书"福康桥"。上款"咸丰癸丑春"（公元1853年春），下款"郡人吴江书"。吴江为临邛名宿。前后纪事碑对建桥、修路之事记载甚详。

重檐庑殿顶桥碑

附录：修福康桥并十里长途记[①]

州西松鞍桥，幽清雅洁，余每偕友人游，有留恋之者。道光甲辰春[②]，应杨君天禄之请，为赋八诗松鞍桥题壁，已记其概矣。杨君洵有心者，此桥危路险，经涉焉，拟新架舆桥，宏开鸟道。计桥长二丈三尺，路上至马湖营，下至横山子，皆凿山之斜而为之，凡碍游道舆，悉以坚石砌为一律，需费在千金以外。弟添发并丁德盛同时募化，城乡一时好善，数月积金适符其数。又不数月而大功告成。□余名曰：福康桥。乃擘窠书之。盖取福星荫远，履道康庄。有颂，盖当事者之有志，事成功德无量也。夫以蹊越崎岖不易行之境，一旦履险如夷焉。其所望于人能保护斯桥是路于弗替更，悠久无涯。日冠裳云集，遐迩人临，相与聚观，无不欢忻。诚善事，欲以捐资姓字铭石，因并记之。

郡人吴江撰　　孙其诚书

注：①福康桥在城西七公里处松安桥下游约150米处。
②道光甲辰，即清道光二十四年，公元1844年。

荆茂桥及桥碑（民国）

荆茂桥位于天台山镇紫荆村（原属太和乡紫荆村）。始建于1919年。单孔石拱桥，呈东西向横跨于溪沟。桥长7.5米，总宽4.2米，拱跨约2.8米，高约2.5米。沟两岸以条石保坎做桥基直接起拱。券拱略呈莲瓣形，无拱套。红砂条石白灰浆砌桥身，石板铺筑桥面，条石护栏。桥西头为四级石踏道，东头桥面平接路面，故桥身侧立面呈梯形，即上口平直，东头略垂直而西头呈斜直线。

荆茂桥桥碑

荆茂桥

　　桥西头岸边有桥碑一通，单页插屏式，碑心竖排阴刻"荆茂桥"三个大字。款署"中华民国八年"（公元1919年）。碑上有1935年11月—1936年2月红军所刻标语"实行土地革命"六字，两行三字竖行排列，楷书阴刻。"实"字写为异体"寔"字。碑额上从右至左楷书阴刻"崇安政"三字，"崇安政"即"崇安政治部"的缩写。

神雨灵廊桥（清）

　　神雨灵廊桥位于水口镇纸坊村。始建于清代。重檐歇山式单孔廊桥，南北向横跨于纸房沟之上。

　　桥以红砂石券单拱，条石浆砌桥身。桥长约9米，宽约2.5米，高约1.6米。桥面铺石板。桥身侧立面阴刻楷书"神雨灵桥"四字。桥一端连接沟边小道，另一端直接上山石梯道。桥上建廊，纵长三间约10米，面阔一间约2.5米，通高约7米。穿斗式木结构，双排柱。下重檐为歇山式，四檐角高翘，小青瓦屋面、瓦脊。当心间以上出上重檐，悬山式，覆小青瓦，瓦脊上立三陶罐宝顶。桥廊外柱之间做木栅栏。檩记墨书"大清咸丰拾年岁在庚申孟冬月二十一日建"（公元1860年）。

神雨灵廊桥

植板桥（清）

植板桥位于冉义镇新民村。始建于清代。三孔石平桥，呈东西向横跨于河沟之上。

桥长13.5米，宽1.4米，高约3.5米。河中用红砂条石白灰浆砌桥墩两个，平面呈梭形。驳岸以条石砌保坎。在保坎与桥墩间、桥墩与桥墩间架大圆木为梁，又在木梁上铺架长条石搭于保坎、桥墩上为桥面。现今在原桥面上覆加水泥板桥面。

植板桥

保胜桥

临邛保胜桥（清）

保胜桥位于临邛镇柏林村。始建于清代。三孔券拱石拱桥，呈东西向横跨于黄果滩沟之上。

桥长23.4米，宽5.25米，高6.5米。驳岸以条石砌保坎。河中以红砂条石浆砌桥墩两个，平面呈细长梭形。驳岸与桥墩之间以条石起券拱，有拱套。红砂石桥身，石板桥面，两头为踏道。桥面两侧立条石望柱，横嵌石板为护栏。桥侧立面呈三折马鞍形。现今桥面及踏道已铺成水泥路面。桥头两侧护栏上原有石狮四个，今存三个。

该桥体量较大，保存基本完好。此类石拱桥与平乐清代同治年间石拱桥式样十分相似，对研究清末邛崃地区石拱桥有一定意义。

干塘小桥楼（清—民国）

干塘小桥楼位于大同乡干塘村，重檐悬山式单孔廊桥。当地俗称廊桥为桥楼子，故名。桥呈西北—东南走向横跨于小溪之上。

沟岸以条石砌保坎，从沟两岸架圆木为梁搭成平桥，其上横铺木桥板成桥面。桥长5米，宽3.6米。桥上建穿斗式木结构廊房，双排柱，三间，共十六根廊柱，悬山式屋顶，小青瓦屋面。当心间内排柱上出上重檐，覆小青瓦。顺桥面外侧，在双排柱之间做长条坐板供行人休息。外柱之间架简易木护栏。整个建筑十分简陋。

干塘小桥楼

洗马石平桥（清）

　　石平桥位于平乐镇洗马社区。始建于清代。十一孔石平桥，横跨于小河之上。

　　桥长约 20 米，桥面宽约 1.4 米。两岸以条石垒砌保坎，河中用条石浆砌十个桥墩，平面呈舟船形。中间四个桥墩上部两端分刻鱼龙形的头、尾，为域内这类平桥中仅见。在桥墩上部平面处按桥面板宽度、厚度开槽，每孔用三根方形大长条石并排嵌入桥墩架成桥面，桥面与桥墩上口成同一平面。桥墩横长宽于桥面，两端上口可见圆形柱洞，应是做木护栏所留下的痕迹。

石平桥

解放渡槽

解放渡槽（当代）

解放渡槽位于夹关镇龚店村，属玉溪河水利工程五面山灌区支渠段渡槽。20世纪60～70年代兴修玉溪河水利工程，该工程从青衣江上游支流玉溪河筑坝引水，灌溉芦山、名山、邛崃、蒲江四县58万亩耕地。

渡槽为1979年建造的钢筋水泥八孔券拱高架桥式现代引水建筑。七个高大的水泥桥墩上连续起八拱，拱上排列双排式构造立柱，在立柱顶端修造引水渡槽。渡槽呈东北—西南向搭建在两个小山丘之间，中间为邛夹公路和田野。渡槽全长320米，宽3.5米，通高25米，深2.3米。是邛崃境内现代水利工程高架桥式渡槽的代表性建筑。

渡槽局部

天油渡槽

天油渡槽（当代）

天油渡槽位于天台山镇三角社区，与解放渡槽同属于20世纪70年代所修建之玉溪河水利工程五面山支渠段的引水渡槽。渡槽为三孔券拱石平桥式引水渠建筑，呈西北—东南向横跨两个小丘之间，其下为公路和小溪沟。公路从东面第一孔下穿过。

渡槽全长70米，宽2.2米，拱高不等，最高点约11米。拱跨度约15米。两端在山丘连接水渠，从山丘边缘起用红砂石水泥浆砌券拱和桥身。在溪沟东岸和沟心用红砂石砌筑两个

用红砂石和水泥浆砌筑的券拱和桥身

天油渡槽两端与水利工程引水渠相连通

桥墩，墩上立桥柱。从两端桥基和桥墩上起双层石拱三个，券拱交于桥柱之上。在券拱交汇处上方，各券四个长条形减力副拱。桥身顶端平置石质水渠连成渡槽。槽宽2.2米，深1.3米。渡槽两端与水利工程引水渠相连通，是因地制宜，采用邛崃西南古代石桥结构修建现代引水渠的代表性构筑物，也是邛崃境内目前最大的地面石质建造的桥梁式引水工程。

近现代遗址及建（构）筑

1935年11月—1936年2月，长征途中南下的中国工农红军四方面军四军、三十军、三十一军九十三师、九军二十五师进入邛崃西南山区，在邛崃战斗生活了112天。除广泛开展宣传群众、发动群众、组织群众，打土豪，分浮财，还成立了两个区苏维埃、九个乡苏维埃、二十二个村苏维埃（隶属于芦山太平县苏维埃）。开展大小战斗二十多次，组织游击队武装开展支前、救护伤员以及扩红运动。在邛崃留下许多历史文物和遗迹。

石塔区苏维埃政府旧址

石塔区苏维埃政府旧址（近现代）

石塔区苏维埃政府旧址位于高何镇高兴村。1936年11月6日至12日，红军长征途中南下的四方面军之一部，分别从雅安的宝兴和芦山县太平场出发，翻越镇西山，先后抵达邛崃西南高兴、沙坝、何家、火井、三和（银杏）、三角堰等乡并开展宣传、教育、组织工作。随后在高兴、沙坝、靖口、何家等乡建立乡、村苏维埃。在高兴村石塔寺建立太平县石塔区（第四区）苏维埃政府。石塔区苏维埃下辖靖口、高兴、沙坝、何家、火井、油榨六个乡苏维埃。区苏维埃和高兴乡苏维埃办公处设在石塔寺内。

大殿为红军指挥员办公室兼会议室

石塔区苏维埃旧址为宋代大悲院（后名石塔寺）。旧址为小四合院布局，坐北向南，包括山门、大殿和左右厢房。大殿始建于宋乾道四年（公元1168年），明正统年间（公元1436—1449年）培修。单檐歇山式屋顶，穿斗抬梁式木结构，小青瓦屋面建筑。面阔三间9.4米，进深三间9.4米，通高7.88米，平面呈四方形。大殿为红军指挥员办公室兼会议室。左右厢房为清嘉庆十一年（公元1806年）重修单檐悬山式屋顶，穿斗式木结构，小青瓦屋面建筑。面阔三间12.35米，进深四间6米，通高6米。墙体上部为篱夹

红军的厨房

张爱萍将军题名并刻石立碑的红军亭

壁,下部为木装板或砖砌体,后墙砖砌。正面开木门窗,装木裙板,木板隔墙。两厢房分别为区、乡苏维埃主席、土地委员、游击队长等人办公室。山门和山门殿连为一体,重建于民国四年(公元1915年)。面阔三间12.8米,进深四间8.85米,通高10.55米。山门为三重檐牌楼式穿斗木结构建筑。八字门墙,篱夹壁,木裙板,小青瓦屋面。山门殿为工作人员和警卫战士住处。

红军在高何一带留下大量石刻标语。1972年5月至6月,当地干部、群众将部分红军石刻标语集中,利用一座老桥亭建长征亭保护,后迁至石塔寺外。1983

红军战士的寝室

年，国防部长、老红军张爱萍将军题名"红军亭"，刻石立碑于亭前。

1985年7月，成都市人民政府批准公布为成都市文物保护单位。

1998年10月，被批准为邛崃市爱国主义教育基地。

1999年10月，被批准为成都市爱国主义教育基地。

2003年7月，被批准为四川省爱国主义教育基地。

太和区苏维埃政府旧址（近现代）

1935年11月12日至17日，红四方面军一部从雅安经名山县五垭口先后进入邛崃西南太和、夹关、道佐、三角堰（今天台山镇）等乡，大力开展宣传、发动群众工作。先后成立了太和乡、三角堰乡苏维埃；又在太和建立了太和区苏维埃政府，下辖太和和三角堰两个乡苏维埃政府。区苏维埃政府设主席和专委会委员。苏维埃干部和红军干部在区苏维埃政府办公、开会。区苏维埃政府旧址位于太和场镇新街（原新街27号），原为彭笏臣私宅，后列为公产。

旧址建筑始建于清末，坐东向西，原为四合院建筑。"文革"期间正

太和区苏维埃政府旧址

厅和右厢房被拆毁,今存左厢房部分。厢房为单檐悬山式屋顶,穿斗式木结构,小青瓦屋面建筑。面阔三间12米,进深三间9米,通高6米。十一架梁,用五柱。前双步廊,廊檐柱四根,檐廊宽2.5米。建筑面积108平方米。墙体上部为篾夹壁粉白。门窗为邛崃西南路常见的清末民初细方格木门窗,制作精细。下部为木裙板、砖砌体。

1982年3月,邛崃县人民政府批准(合并)公布为邛崃县文物保护单位。

2013年9月,成都市人民政府批准公布为成都市文物保护单位。

邛崃西南路常见之清末民初细方格木花窗

红军石刻标语（近现代）

长征途中南下的红四方面军四军、三十军、三十一军九十三师、九军二十五师于1935年11月由雅安宝兴、芦山分三路先后进入邛崃西南山区,1936年2月战略转移,继续北上。红军在邛崃战斗生活的112天中,为宣传教育民众,成立了宣传队、"石刻排",分别用"德城""提高""抽权""西山""永炎""漳树""崇安""道

红军石刻标语（一）

红军石刻标语（二）

州""经理""抗义"等政治部为代号，在高何、太和（今属天台山镇）、天台等地乡村留下了大量石刻标语和少量墨水、白灰书写的宣传标语。

标语多刻在桥碑、指路碑、墓碑和墙壁石板上。内容主要有"拥护中国共产党""共产党是穷人的政党""赤化全川""实行土地革命""打倒土豪劣绅，平分土地""穷人不当亡国奴，只有参加红军才是出路""打倒刘湘""活捉薛岳""中国快要亡国了，只有抗日反蒋，才能自救救国""实行抗日反蒋""打倒卖国贼蒋介石、刘湘""拥护苏联"等。部分红军

红军石刻标语（三）

红军石刻标语（四）

标语在红军撤离后遭到破坏。经人民群众多方保护，诸如采用石灰、黄泥覆盖等方法，这些红军标语才得以保全。这些红军标语是红军在邛崃留下的珍贵历史文物。

1982年3月，邛崃县人民政府批准公布为邛崃县文物保护单位。

2011年7月，邛崃市人民政府批准，将新发现的靖口村3组高国基家房屋墙基上的两条石刻标语和靖口村11组福安桥红军标语公布为邛崃市文物保护单位。

高兴村红军医院旧址（近现代）

高兴村红军医院旧址位于高何镇高兴村、石塔区苏维埃政府所在地西面约200米的山脚下。1935年11月，红四方面军之一部进驻高何，为配合百丈关战役，在此设立野战临时医院，名为八一政治部医院。

医院旧址建筑现为谢氏民居，四合院布局，始建于清末，坐东北向西南。单檐悬山式屋顶，穿斗抬梁木石结构，小青瓦屋面建筑。四合院由前厅、正厅、过厅、厢房和厨房组成，面阔27米，进深26米。中间为天井，

高兴村红军医院旧址

建筑面积约610平方米。大院建筑在红砂条石和卵石屋基上。

门厅九架梁,用五柱。前后两道门,各做六扇槅扇门。正厅面阔三间,九架梁,用五柱,前步廊。左右厢房各三间,进深不对称。左厢房进深三间,九架梁,用五柱,前步廊。右厢房进深四间,十一架梁,用六柱,前步廊。梁柱用料讲究。门窗花格简约,以码三箭式直棂窗为主。圆鼓形、方形雕花石础。墙体上部为篱夹壁,中部为木窗、木装板,下部为木墙裙。室内外及天井铺筑红砂石板。前厅后外墙下部为石板墙裙。其上刻"驱逐日本及一切

圆鼓形雕花石础

帝国主义出中国，保卫中国的领土完整"，落款署名为"拔起政治部制"。标语总长26米，共29字，是目前邛崃境内发现的最长一条红军石刻标语。

王家村红军医院旧址（近现代）

王家村红军医院旧址位于高何镇王家村，是1935年11月—1936年2月红军在邛崃期间设立的临时野战医院。

旧址建筑现为王姓民居，始建于清代。坐北向南，原为横四合院布局，单檐悬山式，穿斗木结构，小青瓦屋面建筑，一楼一底，局部拆毁。今残存前厅七间，面阔22米，进深两间3.5米。七架梁，用四柱。正厅残存五间，面阔19米，进深9米。十一架梁，用六柱，前步廊。廊下双挑坐墩，吊柱雕花。东厢房残存三间。中间为横长方形天井。建筑墙体上部为篱夹壁，楼层正墙部分为木装板。底层为木门窗、木装板、木墙裙。木窗以直棂码三箭式和细方格加"卍"字纹为主。石雕柱础以六层式为主：底一层为八边形础基，底二层八面开光中间浮雕十字花，底三层为折边八角形，底四层浮雕变形火焰纹，其上刻素面圆座一层，顶上刻圆形扁鼓，鼓上沿刻乳钉纹一圈。这类多层式石础在邛崃高何、天台、夹关一带颇为常见。室内

王家村红军医院旧址

王家村红军医院旧址

外及天井铺筑石板。

川主庙碉堡（近现代）

川主庙碉堡位于平乐镇花楸村，是1935年国民党军（川军）为阻止红军进入邛崃而修建。碉堡坐西向东，以红砂条石修筑。边长4.74米，平面呈正方形，高三层，顶部已毁，残高约7.5米。上下层之间原有木楼板、木梯上下，今已无存。底层东南角开门。每层四面各开三个方形射击孔。碉堡外围是一环形战壕，基本保存完好。

川主庙碉堡

川主庙碉堡内部

这是第二次国内革命战争时期重要的地方历史文物。

2011年7月,邛崃市人民政府批准公布为邛崃市文物保护单位。

白果树碉堡（近现代）

白果树碉堡位于天台山镇马坪村,是1935年国民党军（川军）为围堵红军布防邛崃所筑。碉堡坐西向东,以红砂条石砌筑,顶部残损,长4.6米,宽4.7米,残高2米,平面呈正方形。东面墙角开门。门两边各开一个八字形射击孔,其内孔宽0.5米,高0.25米；外孔宽0.12米,高0.25米。碉堡东、南、西三面残存战壕,宽1.6米,深0.8米。

白果树碉堡

碉堡坐西向东，红砂条石砌筑，顶部残损

该碉堡是第二次国内革命战争时期重要的地方历史文物。

2011年7月，邛崃市人民政府批准公布为邛崃市文物保护单位。

大垭口碉堡（近现代）

大垭口碉堡位于天台山镇马坪村，小地名大垭口，又叫东官房。碉堡是1935年国民党军（川军）为围堵红四方面军所筑。碉堡坐东北向西南，以红砂条石砌筑，平面呈四方形，边长4.7米。顶部残毁，残高2.4米。碉堡后（东北）墙、两侧墙开正方形机枪射击孔，高宽各0.5米。碉堡前（西南）墙两边各开一长条形射击孔，高0.25米，宽0.15米。碉堡外围是一道环形战壕和射击台。该碉堡为研究1935年

大垭口碉堡

大垭口碉堡以红砂条石砌筑，平面呈四方形

红军在邛崃的战斗提供了实物资料。

2011年7月，邛崃市人民政府批准公布为邛崃市文物保护单位。

和尚岩红军战壕遗址（近现代）

和尚岩红军战壕遗址位于高何镇高兴村，石塔区苏维埃政府旧址（红军长征邛崃纪念馆）背面的山坡上。1935年11月，红四方面军一部经镇西山进入邛崃高何一带，并在高何建立了太平县石塔区苏维埃政府。为保卫苏维埃政权，抵御国民党军队（川军）的围堵，红军在距区苏维埃政府所在地，石塔寺西北150米地势险要的和尚岩上，修筑了防御工事战壕。战壕呈环形，由南

和尚岩红军战壕遗址之一

和尚岩红军战壕遗址之二

和尚岩红军战壕遗址之三

向北延伸至山脊，共九道，总长65米，上口宽1米，深0.96米（现状），掩墙宽0.9米。和尚岩红军战壕遗址是邛崃境内现存比较完好的红军战斗遗址之一，与区苏维埃政府旧址、红军长征邛崃纪念馆形成一个整体，是爱国主义教育基地的重要组成部分。

2011年7月，邛崃市人民政府批准公布为邛崃市文物保护单位。

秋园岗楼

南宝秋园岗楼（现当代）

岗楼位于今南宝乡秋园村，原为四川省南宝山监狱某监区的岗楼，始建于20世纪70年代。岗楼为四层楼砖石结构的现代碉楼式建筑，坐西南向东北，平面呈圆形，底径5米，通高约11米。底部稍大，往上略有收分。岗楼底层至第三层全部采用红砂条石水泥浆砌。顶上第四层采用青砖水泥浆砌。顶部为六角攒尖顶，小青瓦屋面，六条瓦脊，宝珠形尖顶。

岗楼第一、第二层开门，无窗。第三层开十个不相连的方形窗孔，呈环形布局。第四层开窗十个，与第三层相对应。每个窗孔都安装有双扇木格玻璃窗，以供值岗哨兵管理和放哨瞭望。

川西剿匪阵亡烈士纪念塔和烈士纪念碑（现当代）

烈士纪念塔和烈士纪念碑位于邛崃市烈士陵园内。邛崃烈士陵园由中国人民解放军十八军五十四师主持修建于小南门外，1950年5月20日

烈士陵园

落成并对外开放。2005年4月1日,烈士陵园整体迁至南河南岸临邛镇文笔村文笔山。纪念塔和纪念碑随同迁往新址。

纪念塔为红砂石质,方柱纪念碑式。塔基为方形红砂条石水泥浆砌,边长约2.5米,高约1.4米。塔身平面呈四方形,四棱截角。底边宽约0.8米,往上略收。顶部置方座一重。方座上刻一只手紧握火炬,火炬的火焰则向上飘起。纪念塔通高约9.8米。

纪念塔身四面阴刻"川西剿匪阵亡烈士纪念塔"十一字(四面题刻文字内容相同,字体不同)。正面款署"中国人民解放军十八军军长张国华题"。

烈士纪念碑

烈士纪念塔

陵园里的烈士纪念碑为红砂石质庑殿顶方碑。碑座为大、小两重，平面呈四方形，座底边长约2.7米，高约1米。碑页宽约1米，通高约3.3米。石刻庑殿顶，顶上刻檐脊、瓦垄。碑页正面直排阴刻楷书"烈士纪念碑"五个大字。上款"中国人民解放军第十八军五十四师为川西剿匪阵亡烈士修建"，下署十八军政委"谭冠三题"。背面刻碑文。碑额题"千古流芳"四个大字，其下阴刻碑文："邛崃于去冬十二月解放，未一月，蒋匪特务纠合恶霸惯匪，趁我革命秩序尚未建立，迫诱农民抗粮叛乱，屠杀我良民，破坏我交通，扰乱我社会秩序，万民失业，惶惶不安。本年二月，我

各界群众向革命烈士敬献花篮

十八军五十四师及其他兄弟部队来邛剿匪。赖我将士用命不避锋镝，为民舍命。仅二月余，妖焰顿息，万众欣欣如获更生。呜呼，壮哉！邛崃之得有今日奠定，西征革命大业之得以完成，皆烈士之代价也。尔等虽死，英烈之气，光同日月；黄花碧血，永照千秋。文天祥曰：'人生自古谁无死，留取丹心照汗青'可为尔颂。九泉有知，尔当含笑。一九五零年五月二十日，五十四师全体指战员为烈士修建陵园落成，立碑纪事，铭刻忠义，以志不朽。"

夹关剿匪纪念碑（现当代）

剿匪纪念碑位于夹关镇鱼坝村，河北岸山坡上的香岩寺文化公园内。原碑位于白沫江大桥畔，20世纪90年代迁建于此。

1949年12月邛崃解放，中国共产党建立新政权。国民党军残部在邛崃部分镇乡组织地主武装并裹胁少数不明真相的群众发动武装土匪叛乱。时中国人民解放军第二野战军十八军驻邛一五九团奉命围剿。剿匪平叛战斗胜利结束后，立此纪念碑于夹关。

纪念碑碑座由红砂石砌成，迁建后复在座下用水泥做成方形底座。

剿匪纪念碑

碑身由整块长条形红砂石制成，平面呈正方形，攒尖顶，为剑式方尖碑造型。碑身底边长0.28米，高1.9米。碑身正面阴刻"中国人民解放军二野十八军五十三师一五九团剿匪纪念碑"，款署"一九五零年五月十八日"。碑身两侧和背面刻有解放军在邛崃剿匪护民、维护新生红色政权纪实。

2011年7月，邛崃市人民政府批准公布为邛崃市文物保护单位。

附录：中国人民解放军二野十八军五十三师一五九团剿匪纪念碑碑文

中国自秦井田之制度，私有财富深入人心。盗匪为害于焉以起。然劫夺财物者，乃狭义之土匪。若扩而充之，彼违反人民利益，会进夹之反动分子集团，其思想之背（悖）谬，行动之暴戾，无一而非匪盗之行也。中国人民解放军在英明的毛主席领导下，革命风起云涌，亿众翕从，稳定南征。在转战西征，经过乡邑，人民担食扶浆（箪食壶浆）以迎王师者，肩相摩，踵相接。吾乡于此时迎接解放，正冀重睹天日，永庆来苏，何期封建残余不甘心失败，纠集地方败类，胁迫盲目青年，螳臂当车，夜郎自大。斯当其风云突变之际，新陈代谢之时，作困兽斗，无足深怪。本年古历正月二十四日，解放军一五九团前来清剿，彼此遂激战于场之西南。毕、张二烈士殉焉！嗣匪向北败退。越日，复集健匪数百三路反攻之，损失惨重，鸟兽散走。论者谓宜于此时追南逐北，则聚歼之。□□□□□功可立而待。然无辜民众其能逸鱼池之殃乎？故解放军宽大为怀，不忍出此。因之，为首者悔恨交集，畏罪远飏。而协从之众，或系土著农民，或偶染指，痛大错之已成，唯彷徨于山谷。幸赖我冉团长、张政委等诸首长正确领导，全体指战员遵守三大纪律八项注意及各项政策，弗念旧恶，于自新、于缴械者从宽处理。□□□邛西各乡之地方革命秩序建立，未戮一人。民□□□□□□□，呜呼，其□□□□□□□所致欤！倘会者国民党反动政府之则不可免被杀。解放军视民若亲，接物以礼，耕者不惊，秋毫无扰，则民之所乐。一五九团行将远赴之西藏，巩固国防，□□□□等惠之，□□别述其事，记其功者，□□雪□□□雨是序。

一九五零年八月吉日　聂叔利撰文　王朝均书

墓葬

土冢墓

邛崃地域广大，受山、丘、坝的地貌，同新津、彭山、大邑、芦山、名山、蒲江相邻的地理位置以及墓主族群祖籍等多种因素的影响，在墓葬形式上，除汉代土坑墓、砖室墓和崖墓而外，现存大量的清代土冢墓，其基本做法虽相同，但具体变化多样。墓冢平面有椭圆形、圆形、方形、长方形、梯形等。有封土堆；有在封土外以条石或卵石砌筑墓圈；有在墓圈墙头覆檐；有在墓圈前壁建墓坊，重檐三楼、五楼或下面加八字墙；有在墓圈前壁直接嵌墓碑；有墓前无碑；等等。多数墓前立墓碑，碑有插屏式单碑，平首、圆首单碑，单檐式单碑，夹柱式单碑等。有重檐三楼、五楼墓碑；有三间（三碑）、五间（五碑），甚或有上下六碑、七碑；有重檐加八字墙。碑柱下部有柱侧抱鼓和柱前后抱鼓。檐以庑殿顶为主。檐脊顶有平顶、尖顶、桃尖顶、葫芦顶、"山"字顶、"V"字顶等，不一而足，把中国牌楼建筑形式移植到石质墓碑并发挥到极致。碑上多有雕刻，繁简不一。多刻戏剧人物故事、八仙、二十四孝、仙佛、瑞兽、花鸟等。图案则以"卍"字、"寿"字和云纹、古钱纹为主。部分渔樵耕读之类生活场景，其人物服饰、发式等，都再现了清代邛崃民俗，是一份珍贵的民俗资料。碑上多有联文，以褒奖先人和启迪后人的内容为主。部分墓志对于本族来历、迁徙以及分支都有比较详细的记载，具有一定的地方民俗史料价值。墓碑石刻中有不少精品，是邛崃清代工匠艺术智慧的表现，具有较高的艺术价值。

邛崃域内不少墓地属于家族墓或属自然村公共墓地而形成历史年代跨度较大的墓群，墓葬形式多样。部分墓群前立有石桅杆。

本节有选择地录入部分汉代、明代、清代、民国墓，以清墓为主，从中可见一斑。

严君平墓（汉墓清修）

严君平墓位于临邛镇公道村，原属于拱辰乡，小地名严河坝，是西汉大学者严君平故里。墓为严君平墓，历代均有维修。据清代嘉庆《邛州志·祠寺》记载："君平墓在州北童家桥，有碑记。"民国《邛崃县志》载："君平故里，其墓存焉。"现存严君平墓为20世纪30年代，邑人张清平（志和）维修并立"汉隐士严君平先生之墓"石碑。

严君平墓

  墓为椭圆形土冢,坐南向北,青砖砌筑梅花洞墓圈。长 6.5 米,宽 5.2 米,高 1.5 米。墓碑毁于"文革"期间。1995 年维修墓冢并重立墓碑。
  2002 年 7 月,邛崃市人民政府批准公布为邛崃市文物保护单位。
  墓主严君平,原姓庄名遵,字君平,后世避刘庄讳改称严遵、严君平。西汉著名道家、学者、教育家和语言学家,毕生致力于研究《老》《庄》。所著《周易骨髓》《老子指归》等极为后世所推崇,尊为道书之宗。道教尊其为严仙。其甘贫乐道、不慕官爵、致力学问的品性为后世称道。
  严君平所流寓之成都、广汉、绵竹、郫县等地都有其遗迹。成都有君平街、支矶石街;绵竹有严仙观;郫县有(北)君平乡和严君平墓。但据史料记载,"君平归葬故里临邛万石坝。"严君平墓所在地,即古童(家)桥、万石(担)坝。

附录:民国《邛崃县志》卷一《严君平墓》

  严君平故里其墓存焉[①]。《名胜志》:君平故里在万石坝[②]。旧《志》:君平墓在州北十里童家桥[③]。查:万石坝与童家桥相连。其墓甚长,向有"汉严君平墓"碑,不知何时毁去(新竖有严君平墓道碑在童家桥大路旁边④)。墓旁有竹，当节发枝处有黄痕一条，其直如线。两节对互，绿筠黄线，甚为别致。占卜家用以代筮，世号"君平竹"。常璩《华阳国志》：严遵，字君平，成都人也。案：班固《汉书》，蜀有严君平，卜筮于成都市。年九十余，遂以其业终。《地理志》谓君平为严遵，汤雄称蜀严"湛冥⑤汉人"。及班《书》并不以君平为成都人，亦不言卒于何年，葬于何地。盖君平卖卜成都，成都城南头有"君平街"，街有"君平井"，故常《志》以为成都人也。今以其墓定之，君平实临邛人，卖卜成都，卒葬于故里也。其道德文章、品学节概，详班《书》、常《志》、雄《论》。而后汉秦宓与王商书则云：观庄文章，冠冒天下，由夷逸操，山岳不移，使杨子不叹，固自昭明。今特录唐宋人赞颂数首，以志景仰。唐李华《严君平赞》云：先生冥冥，隐于卜肆。宗师老氏，精究《易》义。爱衣爱食，止足非利。垂帘燕居，默养真气。诲人不倦，人悦其风。皎昧柔刚，在我域中。心与世远，事与人同。不臣大君，不友上公。在贵反贱，齐明若蒙。辽哉远哉，微妙玄通。弋者何为，仰慕飞鸿。李白《庄君平》诗云：君平既弃世，世亦弃君平。观变穷大《易》，探元化群生。寂寞缀道论，空帘闭幽情。驺虞不虚来，鸑鷟有时鸣。安知天汉上，白日悬高名。海客去已久，谁人测渺冥。宋宋祁《庄遵画像赞》云：君平沉冥⑥，卖卜肆中。子以孝言，臣以告忠。日足百钱，闭门著书。十余万言⑦，黄老其徒。李强牧州，喜欲吏君。揖让而惭，嗫语于唇。还谓子云⑧，子诚知人。九十寿终，身暨高旻。(《曝书亭集》有《君平遗镜歌》)

民国《邛崃县志》卷一《古迹考》

注：①严君平墓在今邛崃市临邛镇，小地名严河垧，盖因多严姓居于此而得名。

②万石坝：石音dàn。在今邛崃市临邛镇拱辰办事处。

③童家桥：又名童桥。在今邛崃市临邛镇拱辰办事处，与万石坝相连，或称这一带均为万石坝。

④民国时，县人张清平立有"汉隐士严君平先生之墓"碑于严墓神道。

⑤湛冥："湛"通"沉"，湛冥即沉冥，深沉冥默。

⑥沉冥：见⑤。

⑦严君平著《老子指归》《周易骨髓》等书,十余万言。后世尊为道书之宗。

⑧子云:扬雄,字子云。扬雄之师为严君平。

杨世安墓（明墓清碑）

杨世安墓位于夹关镇鱼坝村。明代墓,坐西向东。墓冢呈长方形,以条石周砌墓圈,长 4.3 米,宽 3.7 米,高 1.6 米。墓圈石墙上覆石檐。前墙檐左右两端做檐角上翘。墓前立墓坊,上下两层,三重檐五楼,庑殿顶仿木结构牌楼式石质建造。底边长 6.8 米,通高 5.7 米。

长条形碑座上刻垂角覆巾,浮雕"卍"字纹、云纹。其上立碑柱六根等长,柱间夹石碑五通。当心间竖排阴刻楷书"明故朝议大夫杨世安、张氏墓",款署"皇清同治三年大吕月重建"（公元 1864 年）。其余四通碑刻族谱姓氏。柱上方各刻戏剧人物一方,人物下浮雕兽头衔环做联板挂钩,阴刻联文三副。其一:"思保身,欲持家,须淫赌之悉绝;图光前,

杨世安墓

杨世安墓墓碑局部（一）

谋裕后，惟耕读之传家。"碑柱上搭大条石横枋，开光刻人物故事三幅。横枋上为墓坊上层，八根立柱分成七间。中三间刻墓志铭及杨氏宗族排行碑。两侧各两间嵌镂空雕花板。其上覆庑殿式石檐三重五楼。正脊呈"山"字形。鸱吻作鳌鱼状，尾部圆弧上翘。中间宝顶下部开长方形壸门，刻坐姿人物一幅。其上刻仰莲，如意纹宝顶。

墓坊左右（南北）外侧有榴花式石抱鼓，满工浮雕花鸟，有鹿鹤同春、麒麟、凤凰等，纹饰繁复。抱鼓圆光中浮雕挂印封（蜂）侯（猴）和花鸟等。

墓坊背面上下后碑均有序、记、

杨世安墓墓碑局部（二）

杨世安墓墓碑局部（三）

志等，墓前后碑共十六通，是邛崃境内嵌碑最多的墓葬。

该墓主杨世安是明代万历科第进士、朝议大夫，为"父子天官"杨守敬、杨伸之祖。

2002年7月，邛崃市人民政府批准公布为邛崃市文物保护单位。

附录：杨世安墓碑序[①]

闻之岣嵝有碑，特表神禹鸿功。岘山有碑，发志关公骏德。若始祖杨公讳世安、张氏者。因功加于世德乘，后裔岂能不勤之乎？碑以表其功，纪其德，俾后世子孙代代不忘乎？然欲纪其功德，必先溯厥其由来。思吾祖，原本三楚人也。忠孝传家，耕读继世。系明世科第入选进士出身。但始任知县，既知州，后特授西蜀保宁府[②]知府。其居官也，心可白天；爱民也，保如赤子。因老告退，解组归田，始落业于邛南马祖寺焉。祖公正位乎？外祖妣正位乎？内妇功能助祖公，妇德克配祖德。生四子，长福周，次福才，三福凯，四福泰。递传六代，逋吏部文选祖公，讳伸，夫人王氏，明世敕封父子天官，迄今传闻犹未艾也。逮至我朝[③]以来，祖宗之遗风未堕，子孙之福泽犹存。虽分支派迁不一,而瓜瓞绵延,螽羽衍庆。所称子孙绳绳,子孙蛰蛰者,皆吾祖之有是福也。

礼曰:报本反始,不忘其所由。今者,乐捐钱文重修墓碑,庶无忘乎祖之功钦,祖之德钦!是为序。

后裔邦权书

注:①杨世安系邛州杨氏"父子天官"杨守敬、杨伸之祖。墓今在夹关镇,保存完好,系邛崃市文物保护单位。墓于清同治三年重修。

②保宁府,今阆中市。

③我朝,即清朝。

庾会庵双墓(清)

庾会庵双墓位于火井镇高场社区,火井场镇下场口,小地名猫嘴。坐东北向西南。墓冢平面呈长方形,长3.6米,宽4米。砖砌墓室,券拱双

庾会庵双墓

庾会庵墓墓碑局部（一）

庾会庵墓墓碑局部（二）

墓门，上覆封土，部分暴露，高约1.5米。墓冢前立青石墓坊，重檐三楼庑殿顶仿木结构，面阔三间四柱3.4米，残高3米。底座长3.9米，宽1.15米。碑座上立碑柱四根，柱间嵌青石碑三通。当心间竖行阴刻"例赠修职郎庾公会庵墓"，款署"大清咸丰二年"（公元1852年）。两次间碑楷书阴刻墓志，对祖籍湖南宝庆府武刚州万安乡三都文安里杨湾人氏，"自雍正三年，上川省邛州火井高家场贸易……初置身屠行……既而易辄改弦，开设钱铺……不数年而家富万金"，捐建邛州崇正书院事，记载详细，是一份珍贵的地方史料。

碑上浮雕戏剧人物、花鸟、双凤、"卍"字纹、云雷纹以及联板、挂钩和联文。顶上覆石檐（当心间石檐已毁）。外柱前后原有夹鼓，今不存。

附录：庾会庵墓志[①]

公姓庾，名有亨，字会庵。其太父一三者，湖南宝夫府武刚州万安乡三都文安里杨湾人也。自雍正三年，上川省邛州火井高家场贸易，因家焉。娶夫人陈氏，生子六人。其长君人杰，即公父也。娶公母雷氏，生公弟兄五人。公行三，娶夫人邓氏。公自少聪明绝世，心计过人，初置身屠行，非得已也。既而易辄改弦，开设钱铺，权予计母。不数年而家富万金。买置田土，不一其区；修立房屋，不一其所。其尤可嘉者，再修卷洞石桥，亲董其事；重建禹帝宫殿，独要其成。公之聪明心计，于斯可概见。所惜者，富拟陶朱而恨□伯道。然而螟蛉一子，身入后均抚着一侄，心俸宗祀。今已孙男孙女，绕膝盈庭。夫亦可无恨矣。初道光时，以国朝罩恩有谋，举报公为耆老者，为人所厄而止。及咸丰元年，本州修建崇正书院，公慨然

庾会庵墓墓碑局部（三）

捐资三百金。州主详奏其事,部议叙公以顶戴荣身②。由此观之,富贵在天,不信然焉。嗟夫!世之为子弟蒙前人成业,不能保世滋大,顾乃放逸为非,倾家破室,罔有悛心者,览公行状,能不惶然抱愧哉!公生于乾隆辛丑年正月初二日寅时,卒于　　年　　月

　　候选儒学正堂岁进士愚弟刘朝玉拜题
　　大清咸丰岁次壬子应钟月③中浣日吉

注:①庚会庵墓位于火井镇下场口,小地名猫嘴。牌坊式墓碑。墓碑名"例赠修职郎庚公会庵墓",署"庚戌科恩进士候选直隶州分州姻愚弟杨青华拜题"。
②此指例赠修职郎。
③咸丰壬子,即清咸丰二年,公元1852年。应钟月即农历六月别称。

大宗祠墓群（明—清）

大宗祠墓群位于夹关镇草池村,北临大宗寺,系明清李氏家族墓群,共四座,坐西北向东南。东西长约50米,南北宽约15米。椭圆形土冢墓,土冢前立墓碑,墓群前立石质双桅杆。墓1墓碑为仿木结构庑殿式,"V"字形碑脊,檐上刻瓦垄,檐角挑起,碑侧有抱鼓。碑通高1.7米,宽1.1米。碑名"李如珠墓",署"乾隆四十八年"（公元1783年）。

石桅杆底部为四方形石础,从石础上立桅杆。桅杆采用两段八角形石柱上下连接而成,下大上稍小。桅杆下段直

墓群前的石质桅杆

大宗祠墓群

径 0.27 米。上段安置四方形雕花石斗，仰式，口大底稍小，斗下四角有雕花撑弓。斗以上桅杆已残断，残高 3.8 米。桅杆上竖行阴刻楷书"道光五年十月十八日建"（公元 1825 年）。

桅杆塝墓群（明—清）

桅杆塝墓群位于夹关镇草池村，小地名桅杆塝。系明清李姓家族墓群，共计七座。坐北向南，东西长约 50 米，南北宽约 40 米。椭圆形土冢墓。墓前立石碑。墓群前立石质双桅杆。墓 1 长 3 米，宽 1.6 米，高 1.3 米。墓 2 墓碑为圆头单页插屏式，通高 1.6 米，宽 0.9 米。碑额有雕饰。碑心竖行阴刻楷书"明故李公讳守宗、何氏墓"，下署"嘉庆十一年"（公元 1806 年）款。

两根石桅杆相对立于墓群前（南）方，

圆头单页插屏式墓碑

桅杆塝墓群

红砂石质,杆基为圆形石础,石础上起台起线,刻有简单纹饰。其上竖立两段上下连接的八棱形石柱做桅杆。桅杆上下两段连接处安放石桅斗,仰式,上大下小,四面刻外圆内方古钱纹。斗下四角有石刻花瓣形撑弓支撑桅斗。杆柱下大上收,杆顶上刻四方座,座上刻圆宝珠。桅杆底径0.4米,通高7.8米。

水口杜氏宗墓群(清)

杜氏宗墓群位于水口镇曙光村,共计墓葬六座。坐南向北,为不规则椭圆形土冢墓群。墓1长3米,宽2.5米。墓前立青石重檐庑殿顶牌楼式仿木结构墓碑,三间四柱,中间高,两边低。素面碑座上起四柱,顶上分两重搭横梁,梁上覆石檐。檐上刻瓦垅、瓦当、檐脊。檐角平挑。三间各嵌一碑。当心间刻墓主罗永祥名讳,款署"光绪七年"(公元1881年)。三间匾额中各有题刻。四柱上阴刻联两副。三根横梁上浮雕戏剧人物故事。墓碑两外侧有石夹鼓。墓2用红砂石砌筑墓圈,平面呈椭圆形。墓冢前立单石碑。长条形石刻碑座,碑座上侧立夹柱枋两块,正立面窄,侧立面宽,

杜氏宗墓群

侧立面呈花瓶（琴）形。两夹柱枋中间夹嵌碑页一通，平面呈"H"形。其上搭石刻横梁，剖面呈仰斗形，梁上覆"山"字顶石檐。墓碑石刻重点在夹柱枋两外侧平面和横梁上。夹柱外侧面分上、中、下三段，各开三个壶门，分刻人物故事。周遭花饰繁复。夹柱正立面上段阴刻联文，下段浮雕花纹图案。横梁（正、背、左、右）四面各刻一幅人物故事。正前一幅为横幅连通式，人物众多，场面宏大，也是其石刻的精华部分。这类在墓碑夹柱枋两外侧浮雕繁复纹饰的做法，是邛崃地区清墓的特点之一。

杜氏宗墓碑

刘朝选墓

刘朝选墓（清）

刘朝选墓位于卧龙镇丰收村，小地名毛店子，俗称刘花碑。坐东向西，为单体土冢墓。平面呈长椭圆形，长约5米，宽约3.5米，高约1.8米。砖石仿木结构重檐三楼庑殿顶牌楼式墓碑，面阔三间四柱4.16米，通高5.95米，厚0.5米。整座墓碑除三通碑页采用红砂石外，其余部分均以青砖砌筑，镶嵌素陶砖雕。砖砌素面碑座，座上起方形砖柱四根。当心间两根直通到顶，两次间两根外柱稍矮，约占总高的三分之二。柱间嵌石碑三通。当心间石碑直排楷

刘朝选墓墓碑局部（一）

刘朝选墓墓碑局部（二）

书阴刻刘朝选名讳，款署"咸丰八年岁次冬月"（公元1858年）。碑页上方砖砌碑墙至顶，其上用砖叠涩三层接檐下。庑殿式檐顶，檐上覆筒瓦、瓦当滴水，灰塑檐脊、鸱吻和翼角。脊上置素陶雕宝顶（局部残损）。四根砖柱上嵌陶雕楹联两副。联板、挂钩均陶雕，联文系在泥坯联板上刻成后再烧制而成（大部损毁）。中间二柱在联板上方分嵌长方形陶雕两块，刻人物。外二柱在联板上方分嵌方形陶雕一块，刻人物。三通石碑上口均置陶雕花牙。当心间石碑上方碑墙上置明堂五重：第一重横幅陶雕人物故事；第二重陶

刘朝选墓墓碑局部（三）

匾"山明水映";第三重横幅陶雕人物;第四重横式陶雕一幅三开,中间为人物,两侧为花卉;第五重横式陶雕一幅三开,中间为人物故事,两侧为飞龙。左右两碑页上方碑墙上各置明堂三重:第一重陶雕人物、动物;第二重扇形陶匾,左"钟灵",右"毓秀";第三重人物风景。陶雕艺术在墓碑上的集中展示,使之成为邛崃市近郊清代墓碑建造的一个代表,故又有称刘墓为"毛店子陶碑"。

吴开先夫妇墓(清)

吴开先夫妇墓位于宝林镇凤山村,坐东北向西南,为土冢墓。平面呈长椭圆形,最长处8.2米,高1.1米。墓碑位于墓冢前,砖石仿木结构,拱顶雁翼式。面阔三间四柱4.2米,高3.5米,厚0.58米。砖砌碑座,束腰处嵌素陶砖雕,有蝙蝠纹、变形团花"寿"字纹等。座上起砖柱四根,当心间两根到顶,次间两根外柱稍矮。柱间下部嵌红砂石碑三通。当心间碑心竖排楷书阴刻"皇恩宠锡正八品吴开先、黄氏墓",下署"大清

吴开先夫妇墓

吴开先夫妇墓墓碑局部（一）

光绪十九年小阳月"（公元1893年）。当心间碑页上方碑墙上开明堂四重：第一重和第三重横幅砖雕（残）；第二重陶砖横匾，隶书阴刻"百世其昌"四字；第四重横四瓣海棠形，砖雕云龙纹（残）。其上做圆拱形，边脚有花饰。两次间碑页上方碑墙上开明堂三重：第一重砖雕瓶花几案，寓意平安；第二重陶匾，分别阴刻楷书"春露""秋霜"；第三重横式陶雕一幅三开，刻人物、花卉。当心间柱头立金瓜，柱上嵌陶雕阴刻楷书联："其生也荣，沐圣世引年盛典；垂老不倦，想当时乐善真诚。"两外柱陶雕阴刻楷书联："勤俭朴

吴开先夫妇墓墓碑局部（二）

诚，士之人也；刚方正直，公其神乎。"联头上砖雕挂钩，上方嵌砖雕一幅。两次间砖砌叠涩出短檐，檐下装饰砖雕"如意形灵芝"。檐口方直。两翼角砖砌三级内收。碑顶叠涩三层做圆弧拱，两侧舒缓外展，与两次间内收之翼角相接，其造型如同桥梁建筑中玉带桥的拱顶雁翼式，十分精美、别致，为邛崃境内清代墓葬中所仅见。墓碑背面青砖砌筑封平，中心嵌红砂石墓志一通。墓碑局部有彩绘。

谢国柱夫妇墓（清）

谢墓位于茶园乡张坝村。坐东北向西南，为不规则椭圆形土冢墓。卵石砌筑墓圈，最长处4.6米，高1.6米。墓冢前立碑，砖石仿木结构重檐三楼庑殿顶式。面阔三间四柱4米，残高3.7米，厚1.35米。砖砌碑座，座上并列纵向砌砖墙四道代替碑柱，中间两道墙高至顶，两次间山墙稍低，构成三间碑室，每间各嵌红砂石碑一通。碑页落堂较深。当心间竖排阴刻楷书谢国柱名讳，款署"乾隆五十七年十一月"（公元1792年）。

碑上方嵌红砂石横枋为额，楷书阴刻"佳城永固"四字。其上为当心间上层，辟作享堂。享堂中空，开长方形门，门上砖雕帐檐、门帘。砖

谢国柱夫妇墓

雕门联一副："允矣馨香荐；欣乎德泽长。"门匾上石刻"祖武克绳"四个字。享堂内左右两壁有装饰，后壁为红砂石质，竖行直排阴刻"世代碑高"。原有石雕人物坐像一尊，上身已残。其上砖砌叠涩出檐，庑殿顶，覆以小青瓦，檐角上翘。陶雕脊，饰鸱吻（局部毁损）。两次间碑页之上红砂石横枋分刻"山明""水秀"，其上各做匾堂一块，绘"卍"字纹。其上覆短檐、小青瓦，砖雕脊。正面原有陶雕联两副，今已毁。原墓碑通体粉白刷瓦灰色，划墨线，局部刷土红，墨线绘"卍"字纹。

射国柱夫妇墓墓碑局部

吴日慎夫妇墓（清）

吴日慎夫妇墓位于宝林镇凤山村，小地名曾大山坡地上，坐东向西。墓冢平面呈长方形，长4.2米，宽3.1米，高0.8米，石灰浇铸。冢前立碑，砖石仿木结构，庑殿顶。砖砌长方形碑座，碑座束腰处镶贴素陶雕花砖，饰吉祥花图案，四角置陶兽。座上砖砌碑柱两根至顶，柱下置陶雕抱鼓。柱上砖砌额枋、栌斗、叠涩出檐，庑殿顶、砖脊。红砂石碑页直排楷书阴刻吴日慎、杨氏

吴日慎夫妇墓

吴日慎夫妇墓墓碑局部

名讳，款署"同治元年孟夏"（公元 1862 年），碑页上口置陶雕花牙。横额枋上铲边刻"富贵绵远"四字。碑柱栌斗上各刻白鹤、麒麟一幅。碑柱上阴刻楷书联："山环兼水绕；虎踞并龙蟠。"碑身背面全部采用砖砌封平，中心开一小龛，内嵌一小碑。墓碑原本全面彩绘上色，今存正面碑额及以上彩绘花卉、"卍"字纹图案三幅。

大同大坪墓群（清）

大坪墓群位于大同乡中华村，小地名大坪，共九座清代墓葬。其中墓 3 为陈永春墓。陈墓坐西北向东南，墓冢呈不规则椭圆形，青条石砌筑墓圈，最长处 3.9 米，高 1.2 米。冢前立碑，仿木结构重檐三楼庑殿顶牌楼式石质建造。三间四柱，面阔 2.8 米，通高 4 米。青条石素面碑座。纵向四根大条石为柱基，其上立四根长方形青条石柱，正面稍窄，侧面稍宽，中二柱稍高，外二柱稍矮。立柱下部前后置石刻花瓶式抱鼓。柱间嵌青石碑三通。当心间碑心竖排阴刻楷书陈永春名讳，款署"光绪三十三年丁未小阳月"（公元 1907 年）。碑上方做匾堂，横幅阴刻行书"乐哉斯丘"，周围刻花卉。堂内左右壁分刻仙人造像一尊。匾堂上下栏额浮雕双

大坪墓群

凤和城楼、亭阁。匾上横置梁枋，搭于中二柱之上。梁上开光浮雕人物故事三幅。梁枋上立四段花柱，柱间嵌镂空雕花板三块，分刻鸡、鸭和羊。其上置横枋，正面浮雕龙、海水和凤、丹阳。顶上覆庑殿式石檐，翼角上翘，刻瓦垅、瓦当。石雕"山"字形高大脊顶。脊顶上浮雕人物、图案及鸱吻。两次间碑上方分做匾堂，分别阴刻行书"兰芳""桂馥"，装饰手法与当心间匾堂相同。其上置横枋浮雕人物故事。横枋上立两段花柱，分嵌两块镂空雕花板。檐下横枋上浮雕"卍"字纹。石檐，石脊，

大坪墓群墓碑局部（一）

大坪墓群墓碑局部（二）

石鸱吻。四柱上阴刻行书联两副。三通碑上口均有石刻花牙，使碑页立面呈花门状，秀雅别致。

侯氏墓群（清）

侯氏墓群位于大同乡盐水村，共有清墓二十座，立有墓碑5通。其中，墓2为侯国谟墓，清咸丰四年（公元1854年）；墓10为侯李氏墓，清光绪十四年（公元1888年）；墓12为侯任葱墓，清咸丰元年（公元1851年）；墓20为侯天宝墓，清光绪元年（公元1875年）。

墓2侯国谟墓坐西北向东南，为土冢墓，平面呈不规则椭圆形，最长处6.8米，高2米。冢前立碑，仿木结构庑殿式重檐三楼牌坊式石质建造。三间四柱，面阔2.6

侯氏墓群墓碑之一

侯氏墓群

米,通高2.2米。青条石碑座,座上立四柱(正面窄,侧面宽),中二柱到顶,外二柱稍矮。外二柱下部前后有花式抱鼓。四柱间各嵌青石碑一通。当心间直排阴刻楷书"侯公国谟之墓",款署"咸丰四年腊月"(公元1854年)。碑上搭横枋,阴刻行书"宏开甲第"。其上覆庑殿式石檐顶,刻瓦垄,翼角上翘。两次间碑分刻田氏、张氏之墓。次间两额匾为"钟灵""人杰"。其上覆石檐,刻瓦垄,翼角上翘。四柱上阴刻联两副。

侯氏墓群墓碑之二

杜氏墓群墓碑之一

杜氏墓群（清—民国）

杜氏墓群位于道佐乡万福村、小地名杜沟的坡地上。清墓四座，民国墓三座，呈南北向排列。

墓1为杜洪先墓，清光绪七年（公元1881年）修。梯形墓冢，红砂条石砌筑墓圈，长3.7米，前宽2.6米，后宽2.5米，高1.45米。单檐庑殿式墓碑，底座宽3米，通高2.6米。红砂石碑座，正面浮雕几案形，覆巾下垂，上刻绶带。座上立石柱两根，下部前后为花形石鼓，左右外侧为榴花形大夹鼓，浮雕花卉。柱上阴刻联文，柱间嵌石碑。其上搭额枋，枋上置石檐。

杜氏墓群墓碑之二

墓2为杜曾氏墓，民国十八年（公元1929年）修。长方形墓冢，红砂石墓圈，长3.2米，宽1.9米，高1.1米。红砂石插屏式墓碑，总宽1.1米，通高1.7米。素面束腰碑基，其上置几案形碑座，案上覆巾下垂，线刻花卉。其上立花式矮夹柱两根，其间夹置平头长方石碑一通。

墓3为杜潘氏墓。墓冢已毁，仅存墓碑，清光绪十五年（公元1889年）修。红砂石单檐庑殿式，底宽3米，通高2.8米。红砂石底座，正面浮雕花卉。其上立两柱，柱间夹石碑一通。柱外侧下部为榴花形大夹鼓，浮雕人物、花卉图案。柱正面雕刻成半圆抱柱联板，阴刻楷书联一副。额枋上浮雕麒麟瑞兽，其上做匾堂，楷书阴刻"钟灵毓秀"四字，匾堂横枋上刻"卍"字纹。其上搭梁枋，浮雕人物、花卉。上覆石刻庑殿顶。

墓4为杜赵氏墓，清光绪二十二年（公元1896年）修。墓冢平面呈长方形，红砂条石围砌墓圈，长3.2米，宽2.5米，高1.4米。红砂石插屏式墓碑，底宽1.55米，通高1.9米。红砂石碑座，浮雕几案、覆巾，

杜氏墓群墓碑局部（一）

杜氏墓群墓碑之三

其上立抱鼓夹柱两根，柱间夹平头长方碑一通。碑心为圆拱形开光，拱下浮雕花瓣。上额阴刻"百代流芳"四字，当中阴刻墓主名讳、年款。开光外侧左右阴刻一联。

墓5为杜永堂夫妻墓，民国十年（公元1921年）修。墓冢总平面呈曲尺形，应为夫妻先后合葬所致。长边4.4米，短边3.6米，宽3.6米。红砂石墓圈。红砂石插屏式墓碑，形式与墓2杜曾氏墓相同。

墓6为杜洪财夫妻墓，民国十年（公元1921年）修。墓冢平面呈长方形，长3.5米，宽3米，高1.7米。单檐庑殿顶石碑。碑底宽3.4米，通高3.1米，其形式与墓3杜潘氏墓相同。

墓7为杜永周夫妻墓，清光绪二十二年（公元1896年）修。墓冢平面呈长方形，长3.5米，宽3米，高1.7米。单檐庑殿顶石碑，底宽3米，通高2.8米。红砂条石碑座，浮雕团花、"卍"字纹。碑座上立方形石柱两根，柱间夹石碑一通。柱外侧立榴花形大抱鼓。抱鼓上开圆光、桃形光，浮雕人物、瑞兽等。碑页上口装饰石刻花牙。碑上方置匾堂，阴刻"乾巽"二字。匾堂上下栏额浮雕瑞兽、博古。左右分刻仙人立像。匾之上横置斗枋，正面浮雕人物故事三幅。顶上覆庑殿式石檐，檐上刻脊、瓦垄、瓦当，檐角上翘。

杜氏墓群墓碑局部（二）

吴祠堂墓群

吴祠堂墓群（清）

吴祠堂墓群位于道佐乡万福村，小地名杜沟的北山坡上。共五座清墓。墓5为吴思俸墓，坐北向南，清同治六年（公元1867年）修，有墓冢、墓坊、墓碑。墓前有石桅杆、石字库。吴思俸墓冢平面呈长方形，长5.5米，宽5米，高1.5米。红砂条石砌筑墓圈，依墓圈前墙建墓坊。墓坊为三重檐五楼庑殿顶仿木结构牌楼式石质建造，两侧配有"八"字形矮石墙。平面呈鞍桥形。坊宽3米，通高3.3米。"八"字墙每边宽1.5米，通高1.5米。墓坊底座为两重素面台基，两端立方形

吴祠堂墓群墓碑局部（一）

吴祠堂墓群墓碑局部（二）

大石柱两根，中间立雕花石板一块，分隔出左右墓室。两墓室各用一块方形大石板封做墓门。中间石板高浮雕，上部刻"天官赐福"人物一组，下部刻"麒麟图"。左右两块墓门石板刻墓志铭两通。左右两根立柱上阴刻联一副。其上搭石刻额枋一根，正面开光三个，高浮雕戏剧人物故事三幅。额枋上立不等高石柱六根建成三重檐五楼，庑殿式石檐，刻脊、翼、瓦垄。当心间和两次间柱上阴刻联文。两梢间外柱浮雕供养仙人。栏额枋上均浮雕花卉。当心间刻竖式"五龙圣匾"，从外到内分三层布局雕刻：外层浮雕火焰纹；第二层顶上中间高浮雕正面龙头一个，稍下左右分别浮雕龙头两个（共四个），

吴祠堂墓群墓碑局部（三）

吴祠堂墓群墓碑局部（四）

龙头齐向顶上正中方向仰望，四围浮雕龙身、龙爪、龙尾、祥云；第二、三层之间浮雕长方形花华带（框）；华带框内为第三层，即中心位置，竖排阴刻楷书"旨恩进士"四字。两次间（正面呈方形）、两梢间（正面呈横长方形）浮雕戏剧人物故事场景共四幅。五间横枋上浮雕"鹿铃"、花卉等图案。墓坊两外侧下部接"八"字形矮墙，庑殿顶。"八"字墙正面分左右两格，每格中间开圆光，各浮雕人物、花卉。左墙浮雕盘坐仙童一尊，手捧方孔圆钱一枚，钱上刻"同治金钱"四字。右墙浮雕盘坐仙童一尊，手展书卷。四周刻蝙蝠、花卉等图案。

　　墓坊前立单檐庑殿顶墓碑，红砂石质。碑座宽1.6米，通高2.6米。束腰碑座，座上覆巾下垂，浮雕如意纹。其上立夹柱枋两根，正面窄，侧面宽，侧面呈琴形，上段平直呈长方形，下段做花式圆鼓形。雕刻重点在侧面。上段开光长方形，下段开圆光，浮雕戏剧人物故事。周围浅刻花卉图案。正面上段刻成半圆抱柱联，阴刻联文。下段刻成石鼓之侧面，雕饰乳钉、花卉、神兽。鼓下基座正面开光内浮雕鹿、麒麟。夹柱间嵌红砂石碑一通，竖排阴刻楷书"皇清例赠文琳郎吴思俸之墓"，下署"同治六年秋九月重阳"。额枋之上覆庑殿顶石檐，刻瓦垅、檐脊。檐角毁损。

　　墓前、左、右三面立方形石望柱，柱头刻金瓜，柱间嵌石板成石栏杆围合，局部毁损。地面铺筑石板。

墓志铭中有吴氏祖籍黄州，于明末自湖北麻城入蜀定居邛州及迁徙等叙述，对吴氏"享受荣封""恩贡"等事也记载甚详，是一份珍贵的地方文献史料。

墓前（南）4米原有双桅杆，今仅存墓左前一根。桅杆底座为四方形基座，其上刻八边扁鼓形座，座上立十六棱石柱做桅杆，桅杆中段安置四方形仰斗，每面斗身刻古钱纹。斗下有四个石质镂花撑弓。斗以上石桅柱改为八棱形，通高约6.5米。

墓右（西）侧5米处立一字库，坐东北向西南，三级六边形，仿木结构攒尖顶楼阁式石质塔式建筑，底边长1.2米，通高4.6米。塔基正面前方置垂带式踏道三级。红砂石六边形须弥座塔基，其上立石角柱六根，柱间嵌长条形大石板为塔身，柱与石板（塔身）之上搭石横枋锁口，其上覆六边形石檐，檐上刻瓦垄，檐角上翘。第二、三层做法相同，体量逐层递减。第三层塔顶为石刻六角攒尖顶，顶上为六边形须弥式刹座，葫芦形塔刹。第二层正面开小帐形龛门，门洞以上刻浮雕一幅：一人凭几而坐，头戴明式文官帽，着宽袖长袍，束带。左手翻书，置于几案上。右手屈肘，手似持笔。几案上覆巾前幅下垂，案上堆放什件。后壁挂算盘一个。第二层六

吴祠堂墓群墓碑局部（五）

中段安置四方形仰斗的桅杆

根角柱上刻制抱柱联板、挂钩,阴刻联文三副。正面一联:"赀财由尔积;管库赖吾司。"

墓3吴洪绪墓位于墓5吴思俸墓后(西北)。吴洪绪为吴思俸之父,两墓葬形式、做法基本相同。唯吴洪绪墓坊下部两墓室前墙浮雕成花格假门各两扇,门已被局部损坏。墓坊上部两次间无浮雕,分别楷书横排阴刻"龙蟠""虎踞"字样。

2013年9月,成都市人民政府批准公布为成都市文物保护单位。

水筒口墓群(清)

水筒口墓群位于道佐乡张店村,小地名水筒口的坡地上。清墓五座,坐东北向西南。

墓1为郑显秀墓,清嘉庆十六年(公元1811年),圆首单碑。碑心浅刻弧拱帐形开光,开光内阴刻墓主名讳、年款。墓2为寇世英夫妻墓,清嘉庆十六年(公元1811年),单檐庑殿顶石碑。顶上置高大的笔架形"山"字石脊。墓3为寇刘氏墓,清嘉庆十六年(公元1811年),方首单碑。

水筒口墓群

水筒口墓群墓碑局部

碑心为拱形开光，阴刻墓主名讳、年款。墓 4 为寇世文夫妻墓，嘉庆十六年（公元 1811 年），单檐庑殿顶石碑。

墓 5 为何元珍夫妻墓，清咸丰十年（公元 1860 年）立碑。坐东北向西南。墓冢呈长方形，长 5.1 米，宽 3.5 米，高 1.3 米。红砂条石砌筑墓圈。冢前立碑，重檐三楼庑殿顶仿木结构牌楼式石质建造。面阔三间四柱 5.6 米，通高 3.7 米。条石碑座，座上立四柱，中二柱到顶，外二柱稍矮，柱头刻栌斗。其上搭石横枋，横枋之上覆庑殿式石檐，檐上刻石脊、鸱吻、瓦垄、

水筒口墓群墓碑之一

翼角。四柱间嵌石碑三通。当心间石碑竖排阴刻楷书"何元珍、杨氏墓",款署"咸丰十年"。柱上阴刻联文两副。柱头栌斗正面浮雕挂印封(蜂)侯(猴)、犀牛望月以及花卉。匾刻"钟灵""毓秀""世代荣昌"。

张君才夫妇墓(清)

张君才夫妇墓位于道佐乡张店村,小地名官林头的东面坡地上。清墓,坐西向东。土冢墓,平面呈长方形,条石围砌墓圈,长4米,宽3.7米,高1.5米。墓冢前立墓碑,重檐三楼庑殿式仿木结构牌楼式石质建造。三间四柱,底边长4米,通高4.1米。红砂条石碑座,座上刻覆巾呈三角形下垂,浮雕花卉。座上立石柱四根,中二柱高,外二柱稍矮,柱间夹嵌石碑三通。当心间碑页竖排阴刻楷书张君才、杨氏名讳,款署"大清光绪二十五年"(公元1899年)。碑上方各置匾堂,分刻"百代流芳""人杰""地灵"。匾堂左右壁浮雕瓶花。四柱上刻联文两副。匾堂之上搭横枋,枋上浮雕人物故事。当心间横幅浮雕人物十二个。当中一男一女(老年)并坐于桌前,桌上覆布下垂,上置葫芦形香炉一个。两侧按男左女右各分

张君才夫妇墓

张君才夫妇墓墓碑局部（一）

张君才夫妇墓碑局部（二）

立男女各五人。男性分年轻年老，皆头戴长双耳乌纱帽，着宽袖长袍，束带，足蹬靴。女性皆头戴尖顶花帽，帽带下垂，身着长裙或套裙，各手持一物，且歌且舞。此类构图为他墓所少见。左次间横枋浮雕"渔樵耕读"图案，画右为一樵夫一渔夫对坐于溪边，二人头戴竹笠，手持、嘴含长烟杆。渔夫一手持钓竿，赤脚踏溪水中，极富生活情趣。中段浮雕一人躬身持镰作收割状，一人作播种状。画左浮雕二人并坐于长条书桌前，一人手持毛笔作书写状，一人翻书作吟诵状。右

连接墓地的垂带式踏道

横枋上浮雕"二十四孝"中"孝感动天"神象代舜而耕和娥皇、女英场景,"孟宗哭笋"场景两幅。横枋以上覆庑殿式石檐,石脊,鸱吻。正脊呈笔架式"山"字形。两端鸱吻上翘,凹间宝顶镂雕古钱,钱上立金瓜、葫芦。墓碑下部外柱侧面立榴花式夹鼓,夹鼓圆光中浮雕花卉。

整个墓地修建在山坡上,墓前坡次处块石垒砌围栏,地面石板铺筑。前方有十一级垂带式踏道连接上下。

陈文灿墓（清）

陈墓位于道佐乡张店村,因墓前有石桅杆,故小地名叫桅杆坪。清墓,坐南向北。土家墓,平面呈不规则长椭圆形,最长约4米,高1.1米。冢前纵向排列两道墓碑。紧靠墓冢的石碑为清道光六年（公元1826年）立插屏式圆首碑,碑侧有花瓶式夹鼓。碑心竖刻"陈文灿"名讳。圆首碑前1.2米处又立一碑,重檐三楼庑殿顶仿木结构牌楼式石质建造。面阔三间四柱3米,通高2.6米。素面条石碑座上立四根方柱,中二柱至顶,外二柱高仅为中柱

陈文灿墓前矗立的石质桅杆

593

陈文灿墓

的二分之一。上搭横枋,覆石檐。柱间嵌石碑三通。中间碑竖刻"陈文灿"名讳及"同治十年十二月"(公元1871年)款。柱上有联文,装饰简略。

墓前(北)12米处立石质双桅杆。桅杆下部为两层四方形基座,基座上立八棱形石桅杆,下大上小,中段安置石仰斗。斗身四面浮雕戏剧人物故事和古钱纹。斗下四角置石质镂雕云纹撑弓,撑弓上浮雕云纹、人物、神兽。桅杆通高6.3米。

吴洪夫妇墓(清)

吴洪夫妇墓位于道佐乡沿江社区,坐北向南。墓冢以石灰浇铸,外砌条石墓圈,平面呈梯形,长5.5米,前宽4.3米,后宽3.7米,残高2.8米。依墓圈前壁砌碑墙,嵌墓碑两通。碑墙采用空斗砖砌法砌成,上部叠涩出短檐,碑墙墙头做屋檐形,檐、脊毁损,形制莫辨。碑墙呈横长方形,底边长3.3米,通高2.6米,厚0.53米。在碑墙下部中间位置,分左右用青砖白灰砌券拱两个,形似两孔拱桥券洞,券拱中各安置圆顶石碑一通。石碑外沿刻出宽厚的边框,两碑心分别竖刻墓主名讳。左碑阴刻吴

吴洪夫妇墓

氏祖籍湖北黄州及迁徙、分支事宜，款署"清道光丙午年夏五月"（公元1846年）。

大丫口墓群（清）

大丫口墓群位于高何镇高兴村，小地名大丫口。坐南向北，清墓共四座。墓1、墓3墓冢呈长方形，条石砌墓圈，冢前立单檐庑殿式石碑。墓4墓冢平面呈梯形，块石砌墓圈，单檐庑殿式石碑。

大丫口墓群墓碑局部（一）

大丫口墓群

墓2为高登成墓，墓冢呈长方形，条石砌筑墓圈，长4.2米，宽2.3米，高1.5米。冢前立碑，重檐三楼庑殿顶仿木结构牌楼式石质建造。三间四柱，底边长5米，通高约4米。红砂条石碑座上立碑柱四根，中二柱高，外二柱稍矮，柱间嵌石碑三通。当心间竖排阴刻墓主高登成、杨氏名讳，款署"大清咸丰九年"（公元1859年）。碑上柱间搭额枋，做匾堂，分刻"源远流长""孝思""维则"。栏额枋上浮雕瓶花、缠枝花卉。其上覆庑殿顶石檐，石雕檐脊、鸱吻、瓦垄、翼角。正脊为笔架"山"字形，两端鸱吻上翘，中心镂雕

大丫口墓群墓碑局部（二）

大丫口墓群墓碑局部（三）

"卍"字形宝顶，浮雕龙头、蝙蝠和团花变形"寿"字纹，顶端刻成如意尖顶。

碑外柱两侧置榴花形石抱鼓，圆光内浮雕麒麟、仙鹤。

王清夫妻墓（清）

王清夫妻墓位于高何镇高兴村，为清代王清和妻眉氏、冯氏夫妻三人合葬墓。坐东南向西北。墓冢略呈梯形，长4.9米，宽5.6米，高1.6米。条石围砌墓圈。依墓冢前壁建墓坊，三重檐五楼庑殿顶仿木结构石质建造，两侧配接"八"字形石墙。坊面阔5米，通高约4米。"八"字墙各宽2米，通高约1.3米。墓坊分上下两层，下层用石柱四根分隔成三间（三个墓门），每间用大红砂石板封墓，各刻假门两扇，浮雕"卍"字纹、变形"寿"字纹、花卉和人物。其上搭大条石横枋，正面开光三个，浮雕戏剧人物故事。中间一幅场面宏大，各式人物多达四十个。左右两幅均为刀马人物。横枋上中间立四柱成上层三间，左右两端各用石墙板两块代柱隔成两间，共八柱五间，三重檐五楼。当心间和两次间共三间封石板，板上浮雕花卉。

王清夫妻墓

左右两梢间为空室，后壁封石板。当心间额枋上浮雕人物故事三幅。两次间额枋上各浮雕仙佛人物故事两幅（右次间浮雕风化）。枋以上覆庑殿顶石檐，刻瓦垄、瓦当、翼角、脊顶和鸱吻。墓坊下部左右接石质庑殿顶"八"字墙，墙面浮雕花卉图案。碑坊石柱上均刻有联文。

墓坊前2.2米处立墓碑。重檐三楼庑殿顶仿木结构牌楼式石质建造。面阔三间，底边长5米，通高3.4米。石砌束腰碑座，刻覆巾，呈三角形下垂，浮雕图案。座上立碑柱四根，中二柱长，外二柱短。柱间夹嵌石碑三通。当

王清夫妻墓墓碑局部（一）

王清夫妻墓墓碑局部（二）

王清夫妻墓墓碑局部（三）

心间竖行阴刻楷书"清时文生王清、唐氏、冯氏""生前预修"，款署"咸丰元年"（公元1851年）。这类生前预修之墓，俗称生基、生基坟。碑上方做匾堂，当心间阴刻行书"莫负天良"四字，左右次间分刻楷书"戬穀""馨宜"。上下栏额刻缠枝花卉纹。匾堂左右壁刻人物。匾堂之上搭横枋。当心间横枋上浮雕戏剧人物故事三幅，左右次间横枋上各浮雕戏剧人物故事一幅。檐下横枋以上覆庑殿式石檐，刻石脊、鸱吻、瓦当。正脊呈"山"字形，两端鸱吻尾部向外卷，中间宝顶呈三角形，浮雕花卉、蝙蝠等，局部镂空，镂

599

王清夫妻墓墓碑局部（四）

空处分刻人物三个。墓碑四柱均阴刻联文。中二柱柱头浮雕戏剧武打人物场景，其下浮雕虎头衔环，环为墓联挂钩。行书阴刻联文："遇事故，常思退步；示儿孙，切勿欺人。"颇富人生哲理。

墓碑下部外侧榴花形抱柱，圆光内浮雕人物等。

墓冢四周以条石砌围栏保坎，石板铺筑地面。前（西北）面有垂带式踏道十级连接上下。

楠木溪墓群（清）

楠木溪墓群位于高何镇高兴村，小地名楠木溪。清代墓葬，共三座，坐东北向西南。墓1和墓2为土冢墓，墓碑为重檐三楼庑殿顶仿木结构牌楼式石质建造。墓3为杨应选夫妻墓，坐东向西，墓冢略呈方形，长4.5米，宽4.2米，高1.3米，青条石砌筑墓圈。依前墓墙建重檐庑殿式墓坊。坊两侧接"八"字墙，墙上覆石檐。墓坊前建墓碑，三重檐五楼，庑殿顶仿木结构牌楼式石质建造。三间四柱，底边长4.3米，通高4.6米。青条石碑座上刻覆巾下垂，浮雕纹饰。座上立碑柱四根，中二柱高，外二柱稍

楠木溪墓群墓碑之一

楠木溪墓群墓碑之二

矮，柱间夹墓碑三通。当心间碑心竖排楷书阴刻墓主杨应选、杨氏名讳，款署"光绪二十八年岁次壬寅秋菊月"（公元1902年）。碑上口做镂空花天宫罩。左碑铭记叙杨氏祖籍山西太原，先代迁居四川天全，其后分支迁徙至今高何等事宜。右碑刻杨氏二十字排行。碑上方为青石楣枋，其上做匾堂三个，分刻"百代流芳""仁义""礼智"。栏额上下浮雕花卉图案。匾额之上搭大条石额枋。当心间刻人物三幅。中间横条开光内浮雕人物一组共十七个：正中端坐一人，余站立。男女，老年、青年混杂，部分手持杖一类器

楠木溪墓群墓碑之三

物。左右圆光内浮雕戏剧拼杀战斗人物。两次间额枋上各浮雕"渔樵耕读"和"二十四孝"中"扇枕""哭笋""娱亲"等故事人物。当心间额枋之上立四柱,起上层三间。上层当心间立碑,竖刻"孝弟(悌)忠信"。碑以上顶层额枋浮雕人物一组九个,顶上覆庑殿式石檐,"山"字形正脊高大。上层两次间装方形镂雕花石板,浮雕"二十四孝"人物场景,阴刻"负米""喂蚊""戏彩""怀橘""涤溺"等标题文字。其上覆庑殿式石檐,檐脊高大。墓碑下层两次间额枋之上竖两块石板代替两柱,其间嵌雕花石板,其上覆石檐。

楠木溪墓群墓碑局部(一)

楠木溪墓群墓碑局部（二）

碑柱下部两外侧做夹鼓。夹鼓外侧面上段做阶梯形，下段做圆鼓形，中间开圆光浮雕图案。侧立面上下段之间圆雕一狮，尾上头下作俯冲状。

该墓雕刻图案、联文皆以"孝悌忠信"为本，宣扬"百善孝为先"的儒家思想。

高兴村墓群（清）

高兴村墓群位于高何镇高兴村，清墓三座。墓1为杨奇福夫妻墓，清咸丰甲寅（即咸丰四年，公元1854年）立碑。墓冢平面呈梯形，墓前立重檐三楼庑殿顶牌楼式墓碑；墓2为杨玉昆夫妻墓。墓冢平面呈长方形，长3.3米，宽2.2米。冢前立重檐三楼庑殿顶牌楼式墓碑，碑前砌拜台。碑底宽4.2米，通高3.4米。青条石碑座，座上立碑柱四根，中二柱高，外二柱矮，柱间夹嵌青石碑三通。当心间碑楷书阴刻墓主杨玉昆、王氏名讳，款署"光绪二十三年"（公元1897年）。四柱上刻联板，阴刻联文两副。碑以上做匾堂，分刻"山水清音""起凤""腾蛟"。楣枋上刻花卉。匾上方搭大条石额枋，浮雕戏剧人物场景和"二十四孝"中"哭笋""扇

高兴村墓群墓碑之一

枕""尝药""扼虎"等故事人物。当心间额枋上立四柱成三间,每间镂雕戏剧武打人物一组。两次间额枋上各立三柱成两间,每间镂雕花卉、动物、人物。顶上覆庑殿式石檐。翼角雕花高挑。笔架形"山"字正脊,宝顶中间刻仙人一个,两端鸱吻如鸟翼张开,刻成花卉式样。碑柱下部两外侧置榴花形石夹鼓,圆光内浮雕花卉。墓2的杨玉昆夫妻墓鸱吻不刻鳌鱼之类而刻成花卉的做法,在墓1杨奇福墓碑上也表现突出。杨奇福重檐墓碑的下面一重檐脊的鸱吻镂空雕成花卉、卷叶,脊正面采用写实手法浮雕一只鸟雀踩在

高兴村墓群墓碑局部

高兴村墓群

花蔓上,鸟雀身后线刻叶片等,十分生动,为其他墓碑所未见。墓3的杨玉兰、王氏夫妻墓,为清光绪二十三年(公元1897年)修,重檐三楼仿木结构牌楼式石碑,局部残。墓冢已不存。

茂楠树墓群(清)

茂楠树墓群位于高何镇毛河村,清墓十七座。墓群坐东南向西北。土家墓,墓冢平面有方形、长方形、梯形、椭圆形等,多采用条石围砌墓圈。部分墓前立碑,有单檐、重檐等。

陈明福墓,清乾隆二十一年(公元1756年)修,圆首单碑;陈氏墓,清光绪八年(公元1882年)修,单檐庑殿顶石碑。其雕刻重点在"山"字形脊顶上。脊下浮雕如意扣、绶带和毛笔、卷轴。"山"字脊镂空雕,中间圆光内浮雕"鹿铃",其上圆形绶带中浮雕草书"福"字。四周刻蝙蝠。花瓣簇拥金瓜葫芦形宝顶。鸱吻雕花卉、绶带。

墓地中存清代小型字库一座,重檐两层四方形攒尖顶塔式石质建造。

茂楠树墓群

四方形塔基为底层库身,底库中空。其上覆整块方形厚石板为石檐,刻出四条檐脊,四角上翘。其上再用整块四方形条石建塔身,中空。正面开圆拱形门洞,左右两侧面开镂空古钱纹圆窗。塔身之上置斗形枋,上口略外展。在库塔门洞上方斗形枋上开拱形小龛,浮雕土地菩萨、土地娘娘一幅。窗洞以上斗形枋刻凤鸟、麒麟一幅。顶上覆石檐,翼角上翘,攒尖顶,用整石雕成。顶上另有条石刻成的方形刹座,其上仰莲承托葫芦形宝顶。

茂楠树墓群墓碑

王氏墓群

靖口村王氏墓群（清）

王氏墓群位于高何镇靖口村，清墓三座。墓1为王正邦夫妻合葬墓，清咸丰五年（公元1855年）立碑；墓2为王月级、王氏夫妻合葬墓，清咸丰八年（公元1858年）立碑；墓3为王文邦、何氏夫妻合葬墓，清道光八年(公元1828年)二月立碑。

墓3王文邦、何氏夫妻合葬墓坐北向南。墓冢平面呈梯形，红砂条石砌筑墓圈，长3.4米，前宽3.8米，后宽3.5米，高1.7米。依墓圈前壁建墓坊，三重檐五楼庑殿顶仿木结构牌楼式石质建造，两侧有"八"字墙。坊宽3米，残高3.8米。墓坊

王氏墓群墓碑局部

分上下两层,底层两间三柱,各用红砂石板两块封墓门,中柱上刻"天台耸峙溪水边"诗一首。两墓室门石板上刻假门两扇,浮雕瓶花、瑞兽等。其上搭条石横枋一根,开光两个,浮雕庭院内人物场景。横枋之上立六柱成上层五间,当心间和两次间各嵌大石碑一通。当心间石碑浮雕"百鸟朝凤"。两次间刻王氏宗族排行。两梢间为空室。中四柱上刻联文两副。五间额枋上均浮雕有"负米""娱亲""搏虎""鹿乳"等"二十四孝"人物故事。枋上覆庑殿顶石檐,翼角雕花,鳌鱼鸱吻,正脊残损。下部左右接"八"字墙,庑殿式石檐,刻瓦垄。脊上立镂空"品"字纹宝顶。墙面砌明堂,浮雕花卉,四周刻"S"形卷云纹。

墓坊之前立单檐庑殿顶石碑一座,残高 2 米,宽 0.9 米。碑心竖排阴刻墓主王文邦、何氏名讳,款署"道光八年二月"(公元 1828 年)。碑柱为琴式夹鼓,外侧面浮雕团花图案。

季氏墓群(清)

季氏墓群位于高何镇何场村,西距季叔平故居约 200 米。清墓九座,坐南向北。

墓 2 为季文正墓,墓冢平面呈梯形,石砌墓圈,长 4.3 米,前宽 2 米,后宽 2.3 米,高 1.4 米。墓冢前立墓碑,重檐三楼庑殿顶仿木结构牌楼式石质建造。底边长 2.3 米,残高 2.3 米。红砂石碑座,座上刻覆巾下垂,浮雕图案。其上立石碑柱四根,中二柱高,外二柱矮,柱间夹石碑三通。当心间竖排阴刻楷书墓主名讳,款署"大清光绪十年冬十二月"(公元 1884 年)。四柱上阴刻联文两副。三间柱

季氏墓群墓碑之一

季氏墓群墓碑之二

上搭石额枋成上层重檐。当心间额枋上浮雕吕洞宾、张果老等八仙，脚踩祥云，正中刻太上老君驾鹤，共计九身。两次间浮雕戏剧人物故事。枋上覆庑殿式石檐。檐角弧弯高高向上直挑，翼角上镂空花。次间石脊鸱吻尾部高翘。正脊高大，呈"山"字形。"山"字底部略呈元宝形。中间宝顶呈覆钟形，镂空花，中心圆光内浮雕仙人一身。宝顶尖部残。

墓1为季玉轩墓，单檐庑殿顶石碑。清光绪十九年

季氏墓群墓碑之三

609

季氏墓群墓碑之四

（公元1893年）立碑。两碑柱上刻联，额枋上浮雕韩湘子、铁拐李等八仙。中间浮雕太上老君骑鹤。脊顶呈"山"字形，鸱吻卷曲上翘。中间宝顶饰镂空花，圆光内浮雕仙人一身，其上置葫芦形宝顶。碑柱下部外侧有花形抱柱，浮雕戏剧人物。墓1、墓2的墓碑装饰手法以及内容十分相似，具有一定的地域特征。

骆世秀夫妻墓（清）

骆世秀夫妻墓位于高何镇沙坝社区，坐西南向东北。土冢墓，后部被山坡土所掩埋，平面呈长方形。其暴露部分长5米，前宽3米，高1.6米。墓前立墓碑，重檐三楼庑殿顶仿木结构牌楼式石质建造，底边长4.5米，通高4.35米。

红砂条石束腰碑座，浮雕纹饰。座上刻覆巾下垂，浮雕花卉。座上立碑柱四根，中二柱高，外二柱矮。四柱间嵌红砂石碑三通，当心间竖排阴刻墓主骆世秀、杨氏名讳，款署"宣统元年己酉孟秋"（公元1909年）。碑上口均有镂空石刻天宫罩。四柱上阴刻联文。碑以上做匾堂，楷书阴刻

骆世秀夫妻墓

"佑启后人"等。匾堂栏额四边浮雕花卉、人物。柱上搭条石额枋。当心间浮雕"八仙"人物,两次间分刻戏剧人物和《西游记》人物:唐僧骑马在前(右侧);沙僧挑担居二;孙悟空右手持金箍棒上举,右腿往上提;猪八戒居后,肩扛钉耙,回首往后(左)看。《西游记》人物出现在墓碑上,较为少见。庑殿式石檐,翼角镂雕花。脊上浮雕图案。正脊高大,呈"山"字形。鸱吻、中心宝顶均镂雕花式,有莲瓣、蝙蝠,中心团花为变形"寿"字纹,顶上刻古钱纹、如意纹。碑柱外侧有花瓶式抱柱,上部浮雕花鸟,下部圆光内浮雕

骆世秀夫妻墓墓碑局部(一)

骆世秀夫妻墓墓碑局部（二）

人物，正侧立面瓶颈处圆雕石狮一只，作向下俯冲状。

碑前左右两侧立重檐两层石质塔式香炉一对，今仅存墓左前一只。底座呈三足圆炉形，肩部刻覆莲瓣一圈。座上置六边形炉身，每面起"亞"字形凸台，浮雕花鸟五幅及文官装束坐像一幅。其上覆第一层六边形石檐，六角上翘。第二层炉身用整块大石刻成，六边形，上小下大。六边分别开圆窗刻镂空花"福""禄""寿""喜"四字和月兔一幅、古钱纹一幅。六角攒尖顶石檐，顶上刻莲花刹顶。

墓碑前置长方形石香炉一座，

骆世秀夫妻墓墓碑局部（三）

几形座,炉身束腰。刻有几何纹、蝶纹及"骆世秀"三个字。

近旁有"骆世富、罗氏夫妻墓","光绪乙未年"(光绪二十一年,公元 1895 年)立碑。碑额上浮雕"八仙"人物,这一特点具有一定的地域性。

庙子山梁氏墓(清)

梁氏墓位于固驿镇龙安村,清墓两座。坐北向南。墓 1 为梁洪仕夫妻墓,清道光九年(公元 1829 年)修。墓 2 为梁现品夫妻墓,清咸丰癸丑(咸丰三年,公元 1853 年)修。两墓并排,形制相近,墓 1 之砖碑左半已毁。

墓 2 梁现品夫妻墓,土冢,呈不规则圆形,直径约 5 米,高约 1.3 米。墓前立砖砌重檐三楼仿木结构牌楼式墓碑,底边长 3.6 米,通高 3.8 米,厚 0.9 米。青砖白灰浆砌碑墙,当心间留门洞。门洞内嵌长方形红砂石大碑一通,阴刻墓主名讳及年款。门洞上口装饰砖雕天宫罩。碑页下部红砂条石束腰碑座,座上刻覆巾,呈三角形下垂,其上浮雕图案。碑墙下部为砖砌束腰须弥座,上下沿砌砖雕变形莲瓣纹,束腰处各嵌砖雕关刀、画戟一幅。座上砌砖柱四根,中二柱至顶,外二柱稍矮。当心间碑以上砌明堂三重,

梁氏墓

梁氏墓墓碑局部

饰砖雕纹样。中间一个嵌砖刻"厥交克昌"。两次间各嵌砖雕花假门两扇,上半花式窗框,磬式窗心,浮雕花卉、流苏,中腰花板浮雕花卉。四柱上陶雕联板,阴刻联文两副。

檐下青砖叠涩四级挑出檐口,庑殿顶,檐口呈弧形。砖脊。背面满封墙,中间留出碑洞,后碑刻墓志铭。碑墙上部装饰砖雕蝙蝠。

吴加第夫妻墓(清)

吴加第夫妻墓位于固驿镇花园村,坐北向南。土冢墓,平面呈椭圆形,最宽处 4.8 米,高 1.7 米。墓前碑坊为当代改建,所嵌三通石碑为清代原碑。当心间墓碑竖排阴刻楷书"清故二世祖吴加第、尹氏墓",款署"咸丰三年孟冬"(公元 1853 年)。

墓碑左右(东、西)两侧立石桅杆一对。桅杆方形石基座,桅杆红砂石质,八棱形,下段近底部为四方形。杆身上小下大,中段置石刻仰斗,

吴加第夫妻墓

斗身四面镂刻古钱纹,斗下四角镂空花撑弓支撑。杆头刻莲座,座上置金瓜顶,通高7.5米。右侧桅杆上阴刻"光绪元年九月十三日建立",光绪元年即公元1875年。

何仲祥墓(清)

何仲祥墓位于火井镇纸坊村,墓冢已毁,仅存墓碑以及桅杆一对。墓碑坐西向东,为重檐三楼庑殿顶仿木结构牌楼式石质建造,面阔三间四柱(局部毁

何仲祥墓

损），底边残长 3.5 米，宽（厚）1.4 米，残高 3 米。当心间墓碑阴刻"远祖考何公讳仲祥墓"，款署"嘉庆二十四岁重立"（公元 1819 年）。当心间额枋上浮雕"八仙"，当中浮雕长髯仙翁，手捧仙桃，肩扛拐杖，杖头挂葫芦，坐骑仙鹤，共九身。顶上覆庑殿式石檐。

墓碑前面左右山坡脚立石桅杆一对。方形石座，边长 0.8 米。桅杆为八棱形，下大上小，中段置石仰斗一个，四边阴刻古钱纹。斗下四角雕花撑弓（局部毁损），通高约 6 米。

何仲祥墓墓碑

三和墓群（清）

三和墓群位于火井镇三和社区，清墓四座。坐南向北，呈东西横向排列。墓群前方立石桅杆两根。墓 1 为王田氏墓，清道光二十年（公元 1840 年）立碑；墓 3 为王进夫妻墓，清咸丰元年（公元 1851 年）立碑；墓 4 为王全喜夫妻墓。墓 2 有冢无碑。

墓 3 墓冢呈梯形，条石砌墓圈，长 4.8 米，前宽 4.8 米，后宽 4.1 米，高 1.3 米。墓前立重檐三楼庑殿顶石碑。底边长 3.2 米，残高 3.4 米。额枋和檐下浮雕花卉，纹饰简单。四柱前后有榴花形夹鼓，鼓圆光内浮雕花卉。

墓 4 王全喜夫妻墓碑为重檐三楼庑殿顶仿木结构牌楼式石质建造，底边长 4 米，残高 3 米。长方形条石碑座，座上起四柱，柱间嵌石碑三通，当心间阴刻楷书"清故国学生员王公讳全喜、彭氏、汪氏之墓"，款署"咸丰元年黄钟月"。碑上搭楣枋做匾堂，分刻"祭如在""桂秀""兰芳"。

三和墓群

栏额上下浮雕花卉。当心间顶上横枋浮雕人物二十多个。两次间横枋上各开光两个,浮雕戏剧人物故事。四柱正面刻成半圆形抱柱联板,兽头挂钩,阴刻联文两副。联板挂钩以上各浮雕戏剧人物一组。顶上覆庑殿式石檐,檐脊局部残损。碑柱外侧原有石抱鼓,已毁。

墓前立石桅杆一对,方形底座,八棱形桅杆,杆上置仰斗,斗面刻变形"寿"字纹、古钱纹。斗上阴刻铭文:"奉旨恩准入国子监王美璋,于清待赠、诰大人墓前修建石围(桅),仗以绵远,长发其祥。道光十一年辛卯春三

三和墓群墓碑局部(一)

三和墓群墓碑局部（二）

月朔二日，国学士美璋、王氏、彭氏同男承英、康氏、承勋、张氏同建"（公元1831年）。斗以上桅杆残断，斗下四角有石刻撑弓。桅杆残高3.9米。此桅斗铭文记叙甚详，为邛崃境内现存清代桅杆中仅见。

杨登明夫妻墓（清）

杨登明夫妻墓位于火井镇状元村，坐北向南，墓地外沿四周修砌石柱栏板栏杆，地面石板铺筑，石砌台阶连接上下。墓冢呈梯形，青条石砌墓圈，长5.3米，前宽7米，后宽5米，高1.5米。依墓圈前

杨登明夫妻墓

杨登明夫妻墓墓碑局部（一）

壁建墓坊，三重檐五楼，左右配有"八"字矮墙，庑殿顶青石建造。墓坊底边长 4.5 米，通高 4.5 米，分上下两层。底层条石坊基，基座上立三柱成两间墓室，各用青石板两块封墓门，门上浮雕花卉图案。其上用大青条石搭横枋，浮雕"八仙"等人物故事三幅。横枋上立四柱成上层三间，柱间分嵌石碑三通，浮雕花卉。柱上搭额枋，当心间浮雕人物故事一幅，两次间各刻"二十四孝"人物两幅。柱上刻联。其上覆庑殿式石檐。上层覆檐两重共三楼。在下层额枋上左右加接覆檐一重为二楼，共五楼。正脊顶上置葫

杨登明夫妻墓墓碑局部（二）

杨登明夫妻墓墓碑局部（三）

芦形宝顶，分上下两段浮雕花卉。坊下两侧配接"八"字墙，"亞"字形开光内刻祥云纹。

墓冢前立石碑，三重檐五楼庑殿顶仿木结构牌楼式青石建造。三间四柱，底边长4.5米，通高4米。条石碑座上刻覆巾下垂，浮雕花饰。座上立四柱成下层三间，柱间嵌青石碑三通，刻墓主名讳及"咸丰七年"（公元1857年）款。碑以上做匾堂，阴刻"典型在上""钟灵""毓秀"。两次间额枋上浮雕"娱亲""负米"等"二十四孝"人物故事四幅。其上覆石檐。当心间额枋上浮雕戏剧人物场景三幅。额枋以上为上层，立四柱

杨登明夫妻墓墓碑局部（四）

成上层三间，当心间嵌石碑浮雕云鹤、花卉。上层额枋上浮雕戏剧人物故事。两次间嵌方形镂花石板。其上覆庑殿顶石檐。

柱上均阴刻联文。下层四柱刻圆弧抱柱联板。中柱联板刻兽头挂钩，上方浮雕人物一组。下层外柱两侧有榴花形抱鼓，浮雕花卉，正（窄）面上部半圆雕狮子一只，头下尾上作俯冲状。

山湾桥墓群（清）

山湾桥墓群位于火井镇凤场村，小地名山湾桥，清墓三座。横向排列，坐东北向西南。墓1为邓洪禄夫妻墓，横长方形墓冢，清光绪二十九年（公元1903年）立碑。墓碑重檐三楼，庑殿顶仿木结构牌楼式石质建造。底边长6米，通高6米。条石碑座上刻覆巾下垂。座上立碑柱四根成三间。柱间分嵌石碑三通。碑页上方有镂空石质天宫罩。碑额之上做匾堂，四周高浮雕花卉、人物。当心间额枋上高浮雕"拜寿图"人物二十三个。两次间额枋上高浮雕"推车""担柴""吸旱烟（长烟杆）""问卢"等人物场景。

山湾桥墓群

山湾桥墓群墓碑局部（一）

"问垆"刻一老翁一手持伞，一手提壶示意问牧童，牧童骑牛背，手往右指。右侧刻杏花一枝，亭舍半间，是一幅"牧童遥指杏花村"的诗意画。当心间额枋上立四柱成三间。柱头半圆雕金瓜吊柱，柱脚半圆雕坐狮两对。柱间上方嵌镂空石雕花牙。每间嵌方形镂空雕花板一块，有"鹿铃""麒麟""凤凰"。花板下部高浮雕"卍"字、"井""口"字、冰纹花窗各三幅，共计九幅。两次间额枋以上做法与当心间略同。每边各立两根短柱与碑坊当心间中柱构成一大一小两间。大间（外侧）饰花牙、花板、花窗和吊柱。小间（内

山湾桥墓群墓碑之一

侧）嵌石雕竖长方形灯笼框子花格窗。两层镂空雕，上层雕"亞"字什锦窗，下层雕斜"卍"字纹为底。庑殿式石檐，正脊呈"山"字形。鸱吻高翘。宝顶下部浮雕麒麟，上部分三层镂雕蝙蝠等纹饰。碑柱外两侧置高大抱鼓，浮雕花卉。

墓3为邓崇旺夫妻墓。墓冢平面呈方形，纵长4米，宽4.2米，条石砌筑。冢前立碑（清咸丰二年，公元1852年），重檐三楼庑殿顶仿木结构牌楼式红砂石建造。底边长3.3米，碑宽3米，通高5.2米。造型、做法与墓1相似。唯碑柱下前后做夹鼓四对。当心间额枋上高浮雕"八仙"一幅，当中雕仙翁跨鹤。"山"字形正脊中间高浮雕"拜寿图"一幅。宝顶高浮雕方折如意纹四重，满刻卷草纹、云纹和各式人物。碑柱下前后夹鼓为榴花形，中间一对大，两侧一对小，满工浮雕纹饰。圆光内浮雕花鸟。夹鼓正面（窄面）上段半圆雕石狮一只，头下尾上作俯冲状。该墓碑原为全碑彩绘，今残存部分。其仿木构雕工、高浮雕人物都十分精致，具有明显的地域特征。

山湾桥墓群墓碑之二

山湾桥墓群墓碑局部（二）

黄崇嘏墓

黄崇嘏墓（五代墓，清代重修）

黄崇嘏墓位于火井镇银台山村的山坡上，为五代前蜀临邛才女黄崇嘏墓。坐西北向东南，墓冢平面呈梯形，红砂条石砌筑墓圈，长4.5米，前宽2.7米，后宽2.5米，高1.7米。墓碑为清代"光绪十六年"（公元1890年）重立。素面红砂石碑座，平头长方形插屏式单碑，通高2.7米，座宽1.4米。碑上竖排阴刻楷书"王蜀女状元黄崇嘏之墓碑"，下署"郡庠廪生游祖韩敬撰，增生杨沫敬书"。墓碑右侧刻有《序》。墓的北面300米有崇嘏塔。

黄崇嘏墓墓碑

附录一：王蜀女状元黄崇嘏墓[①]

　　旧《志》在州西火井漕崇嘏山。案旧《志》"山川"有孤石山，在治西七十里。《九域志》"火井县"有孤石山，即《华阳国志》之古石山也。有石矿大如蒜子，火烧合之成流支铁，甚刚。自黄崇嘏后，遂名此山为崇嘏山。而孤石山之名遂没。又因黄墓在此山，土人又名崇姑山。而旧《志》"杂志"乃采无稽之谈，谓其坟生铁熔铸，隐见不常，荒延甚矣。查杨升庵《丽情集》：王蜀女状元黄崇嘏，临邛人，作诗上蜀相周庠，庠欲妻以女，黄以诗辞之云云。庠大惊，具述本末，乃嫁之。传奇有《女状元春桃记》，盖黄事也。胡应麟曰：元人《春桃记》今不传，仅《辍耕录》有其目，大概如《琵琶》等剧。《玉溪编事》始末最详，而以为不知所终。则墓恐在虚无缥缈间矣。今火井漕三江口桥头路旁有"王蜀女状元黄崇嘏故里"碑是也。

民国《邛崃县志》卷一 "疆土志·古迹考"

附录二：女状元

　　升庵《丽情集》云：女侍中，魏元父妻也。女学士，孔贵嫔也。女校书，唐薛涛也。女进士，宋女郎林妙玉也。女状元，王蜀黄崇嘏也。崇嘏，临邛人。作诗上蜀相周庠，庠欲妻以女，黄以诗辞之云云。庠大惊，具述本末，乃嫁之。传奇有女状元《春桃记》，盖黄事也。胡应麟曰：元人《春桃记》今不传，仅《辍耕录》有记其目。大概如《琵琶》等剧。

清嘉庆《邛州志·杂志》

附录三：玉溪编事·黄崇嘏

　　蜀相周庠者，初在邛南幕中留司府事，时临邛县送失火人黄崇嘏，才下狱便贡诗一章曰：

　　　　偶离幽隐住临邛，行止坚贞比涧松。

何事政清如水镜，绊他野鹤向深笼？

周览诗，遂召见。称乡贡进士。年三十许，祗对详敏，即命释放。后数日，献歌。周极奇之，召于学院与诸生伍相伴。善棋琴，妙书画。翌日，荐摄府司户参军，颇有"三语"之称，胥吏畏服，案牍丽明。周既重其英聪，又美其风采。在任将逾一载，遂欲以女妻之。崇嘏又袖封状谢，仍贡诗一篇，曰：

一辞拾翠碧江湄，贫守蓬茅但赋诗。
自服蓝衫居郡橡，永抛鸾镜画娥眉。
立身卓尔青松操，挺志铿然白璧姿。
幕府若容为坦腹，愿天速变作男儿。

周览诗，惊骇不已，遂召见诘问，乃黄使君之女，幼失覆阴，唯与老妪同居，元未从人。周益仰贞节，郡内咸皆感叹其异。旋乞罢归临邛之旧隐，莫之所终。

清嘉庆《邛州志·杂志》引《玉溪编事》

附录四：黄崇嘏墓

黄崇嘏墓在州西七十里陈家坝南高山上，因崇嘏葬地，遂名为崇嘏山，讹为铜鼓山。其坟生铁熔铸，隐见不常，人每于无心中见之。坟甚高大，亦有碑碣，见则家有喜庆。康熙初，犹有石坊在路旁观音阁外，字迹漫灭，坊已摧残，父老皆云，女状元黄崇嘏坊也。今无存矣。

清嘉庆《邛州志·杂志》

附录五：临邛女参军黄崇嘏刻石[①]
清·刘根固

白云明月，湘娥遨游之墟。旧苑荒台，紫玉成烟之埠。是以佳人埋骨，曾补昭君之铭。词客招魂，亦志朝云之墓。而况青莲胎性，黄鹄翻歌。以吏事表经纶，远追冯女。用诗书为膏沫，近傲文君。如临邛女参军黄崇嘏者乎。尔乃山名文笔，洲号芙蓉。灵分邮水之源，波清碧玉；岸排凤凰之岭，佑启人文。父使君某，身齐律度，性比元和。名利视之淡如，乡党称为长者。参军体质幽闲,天性秀杰。身非男子,性好儒冠。气抗英雄,自惭巾帼。幼禀灵椿之训,郝范钟型。长惟老妳之居,规行矩步。斯臣王敷之女,愧其聪明。王浑之妻,逊其法度者也。况复心珠炳耀,意蕊芬芳。慧辨四声,工深三昧。拚玉溪之丽辞,绝金筌之艳体。留连好句,无非德象之篇。婉转长言,咸是清风之诵。伊可尚焉,亦可风矣。不图无妄为灾,红羊作劫。失河南之火,屋已延烧。抱东鲁之冤,长经缧绁。然兰以煎而香烈,玉以琢而光莹。参军乃上邹阳之书,脱毛遂之颖。蓝衫而司郡椽,居然秀才。戎衣以入莲幕,亦称国士。案无留牍,平阳表尚书之风。胸有韬铃,元女受皇王之策。尔时也宜杜衍选婿,意注舜钦。而崇嘏异雄风,婚辞郑忽。遂令闻之者,惊求身世,始知木兰女郎。羡其姿仪,悔失安仁佳婿。事机已露,物性难防。明驼还乡,不恋征袍之袭。牵萝补屋,依然隐士之风。夫才匹左芬,曾配晋主。颜如卓女,亦嫁文园。而参军则琼海无波,雪松亦翠。仙人佩重,那知交甫风流。邻女墙高,且识楚臣僴雅。故其诗曰:立身卓尔清松操,挺志铿然白璧姿。亦可见其终焉之志矣。呜呼!蜀王西去,花蕊飘零。丁令来归,城郭非故。而参军则紫兰香径,玉骨还存。瑶户珠帘,香花犹俱。所恨蜀故谰言,妄为嫁妇。太平鲜识,拟作人妖。谨采方书,重纪婴儿之烈。有谁大笔,再写曹娥之碑。

注:该石刻早已湮没。原载《中声楼初稿》一书,民国十年(公元1921年)木刻印刷。此文由抄件转录,错漏恐在所难免。

按:崇嘏才高事奇,后世文人多倾仰之。南宋谢枋得《碧湖杂记》、元人陶宗仪《南村辍耕录》均有记载,金元院本(杂剧《女狀元春桃记》),明代徐渭撰杂剧《四声猿》中之《女狀元》皆循其行迹叙写其中狀元以后以及辞婚故事。

郭文相夫妻墓(清)

郭墓位于夹关镇二龙村,坐东南向西北。墓冢呈长方形,长3.8米,宽3米,高1.5米,石砌墓圈。冢前立碑,单檐庑殿顶仿木结构石质建造,底边长2.8米,厚0.5米,通高4米。条石束腰碑座,其上立碑柱两根,柱上雕弧形抱柱联板,阴刻联文。联上方高浮雕兽头衔环为联板挂钩。柱间夹石碑一通，竖排阴刻楷书郭文相、刘氏名讳，款署"光绪十年甲申季冬"（公元1884年）。柱上横搭条石额枋，高浮雕戏剧人物故事一幅。顶上覆庑殿式石檐，檐脊弧线优雅，翼角弯曲上翘。正脊较短而高，呈笔架式"山"字形。两端鸱吻尾部向上外展。中间宝顶下部浮雕莲纹，莲心以上开光，刻三童子，分持矛、戈、戟立于莲心上。以上刻宝瓶式尖顶，顶端刻宝珠花。碑柱外侧置高大的瓶式抱鼓。颈细腹（鼓）大。腹（鼓）部随形浮雕男女人物一对，且舞且乐，作夫妻和合之状。周围饰以草叶纹，不开传统式圆光是其特点。抱鼓正前立（窄）面各圆雕仙童一个，面朝左右两侧。左鼓上刻刘海戏金蟾，圆脸，大眼，两耳垂肩，发后梳，庄重大方。身着右衽外衣，下着裙，系腰带，下垂绾花结。足蹬麻鞋，胸前斜挂方孔铜钱一串，右手握串绳。脚前方有金蟾痕迹（蟾已毁）。右侧仙童面形胖硕，眼角上翘，大鼻，大嘴，腮下垂，大耳。发后梳，憨态可掬。身着右衽宽袖衫，束腰裙，着长裤，腰带飘垂。足蹬麻鞋，两手裸小臂交于胸前，右臂在上。脚下前方浮雕螃蟹一只。仙童除头、肩后部分与抱鼓花瓶上口外沿相连接，脚与抱鼓上口相连接而外，全

郭文相夫妻墓

郭文相夫妻墓墓碑局部（一）

郭文相夫妻墓墓碑局部（二）

部为圆雕。衣纹生动，刀法精练，十分精美，为邛崃清代墓碑石刻中的精品。墓碑抱鼓中这类造型，保存下来的极少。

吴氏墓群（清）

吴氏墓群位于临济镇喻岗村花碑坟园，清墓六座。墓4为吴思绍墓，坐南向北。墓冢平面呈不规则椭圆形，最宽3.4米，高1.6米。墓前立碑，三重檐五楼庑殿顶仿木结构牌楼式花砖建造。面阔三间四柱，左次间已毁，仅存当心间和右次间，碑身残宽1.9米，通高3.6米。整座墓碑采用砖砌、砖雕装饰是其特点，故名花碑坟园。

青砖砌筑长条形须弥碑座，座上砖砌碑柱，柱间用特制的大长方形砖，以其大面竖式砌筑，横三行排列砌成当心间碑页，碑页上阴刻墓主吴思绍名讳，款署"光绪十七年十月"（公元1891年）。碑上口花砖镂雕天宫罩(残)。大砖四块横式砌筑成右次间碑页，阴刻墓志。额枋以上砌匾堂，当心间匾堂阴刻楷书"长发其祥"四字。右次间匾堂砖雕一幅。右次间匾堂之上用砖叠涩三级出下层檐，砖脊。当心间匾堂上砖砌第二层斗枋，正面有海棠

吴氏墓群墓碑局部

形开光两个,嵌砖雕人物两幅,周围饰以几何纹砖雕。斗枋以上用砖砌叠涩三层出第二层檐口。中部自檐口起第三层碑身,碑身窄小,中间开明堂竖嵌砖碑一块,阴刻花体"福"字。外墙两侧各贴仙人砖雕一块。上层碑身左右外侧接砖砌短檐成第二层的第二、第三楼。檐角下口呈半弧形,檐角高翘,砖脊平缓。上层碑身斗枋上海棠形开光内砖雕人物一幅。周围饰几何纹。其上叠涩挑出顶层檐口呈月牙形。庑殿顶,翼角高翘,砖脊平整,残损。残存三根碑柱上嵌砖雕联板、挂钩,阴刻联文。整个墓碑原有妆彩,今局部残存。

吴氏墓群

喻氏墓

喻氏墓（清）

  喻氏墓位于临济镇喻岗村，小地名坟坝子，坐东北向西南。墓冢平面呈不规则椭圆形，最宽6.1米，高1.6米。冢前呈"品"字形排列墓碑三通。其中，并列的两碑，圆头有边框，两外侧下部有抱鼓，宽1.2米，通高1.7米。形制规格相同。左为"喻元惠墓"碑，"嘉庆十九年十二月"（公元1814年）。右为"喻母杨太君墓"碑，"嘉庆十八年十月"（公元1813年）。两墓碑前立"喻氏历代远高曾祖碑"，长方形插屏式单碑，宽1米，通高1.3米。碑上同时记载了喻氏祖上明末清初由"湖北麻城孝感"，"自献贼兵靖入川"，"居南河渔唱庵"，"某祖迁居此地（临济）"等事宜。喻岗亦因喻氏宗族久居此地而得名。

  墓碑前砖砌墓坊，三重檐五楼庑殿顶仿木结构门楼式。底边长5.2米，坊宽3.7米，通高5.4米。坊基以大条砖白灰浆砌，其上起砖墙，中间砌拱形门洞，宽1.1米，高2米。门洞上方砌方形门套，灰塑莲花、菊花以及几何纹。门洞上方砌匾堂，阴刻"源远流长"四字。左右灰塑人物（已残）。门匾之上原有砖雕、灰塑（已残）。左右坊墙做长方形明堂，内中为桃形开光，砖雕、灰塑人物。明堂以上做折扇形匾额。以上分三层砖

喻氏墓碑局部

雕、灰塑、彩绘至第一层檐下。檐口呈弧形上翘，砖脊有砖雕、灰塑。第二层坊墙由当心间往上，坊墙较矮，左右在第一层檐上口稍往外拓成二层两次间。第二层坊墙中心开圆光，砖雕、灰塑人物。外周饰菱形、蝶形纹、卷云纹等。上层坊身中间做竖式明堂，两侧做竖式凸联板。檐下有砖雕、灰塑人物、莲纹以及彩绘。青砖叠涩出第三层檐，檐口呈新月形，檐角上翘。庑殿顶。脊、檐翼角有砖雕、灰塑纹饰。背面坊墙仅在顶层中部、二层左右檐下嵌有砖雕。这类留有门洞的砖砌墓坊在邛崃境内极其少见。

喻氏墓坊上的门洞

温钟才夫妻墓

温钟才夫妻墓（清）

温墓位于临邛镇邱店子村（原属南河乡）温字库近旁，土冢墓。平面呈不规则椭圆形，最长4.2米，高1.7米。墓前立重檐三楼庑殿顶仿木结构牌楼式砖石墓坊。墓坊宽3.8米，通高4.2米。以红砂条石砌碑座，正面刻"卍"字纹。座上砖砌碑柱四根成三间，柱间夹嵌红砂石碑三通。当心间碑页阴刻楷书"温钟才、何氏、郭氏墓"，款署"大清同治七年戊辰仲春"（公元1868年）。三通石碑以上楣枋均嵌砖雕花卉。楣枋以上做匾堂，砖雕阴刻"佑启人文""云蒸""霞蔚"。匾堂上额嵌砖雕。

温钟才夫妻墓碑局部（一）

温钟才夫妻墓碑局部（二）

左右两次间砖砌叠涩出短檐。当心间上层碑身做匾堂，彩绘行楷墨书"辉著表"三字。其上砖砌叠涩出上层檐。庑殿顶，檐角上翘，部分毁损。下层四根碑柱上均嵌砖雕联文。原碑通体粉白，涂瓦灰，以墨线勾砖缝，部分加彩绘。

墓坊前又立平头插屏式单碑一通，红砂石质，碑心雕花帐式，楷书阴刻"温历茂、乾氏墓"。

傅万相墓（清）

傅墓位于临邛镇盐坝村，坐北向南。墓冢平面呈椭圆形，条石围砌墓圈，最长约4.2米，高1.5米。墓前立碑，重檐三楼庑殿顶仿木结构牌楼式石质建造。面阔三间四柱3米，通高3.3米。碑柱前后有夹鼓，碑厚（含抱鼓）1.2米。红砂条石碑座，座上立方形碑柱四根成三间。每间夹石碑一通、石匾一块。当心间石碑阴刻"傅万相之墓"，款署"道光二十一年岁官辛丑仲春月"（公元1841年）。碑页四边刻卷草纹图案。当心间额枋上浮雕戏剧人物和故事场景一幅，两次间分刻"二十四孝"之"娱亲"一

傅万相墓

幅、"搏虎"一幅。两次间额枋之上各立三柱成两间,每间各嵌方形镂空雕花板一块,刻花卉、书剑等。其上覆石刻短檐为下层檐。当心间额枋上立四柱成三间,每间嵌镂空雕花卉石板三块。其上覆顶层石刻庑殿式石檐。四角微上翘,檐脊损毁。

碑柱正面浮雕联板,阴刻联文。四根碑柱下部前后立花瓣形夹鼓。外沿浮雕云纹,内中浮雕人物。圆光中浮雕宝相花、刀、戟。鼓沿上下各刻乳钉纹一周。鼓下浮雕小狮托座一个。

傅万相墓碑局部

徐氏墓碑局部（一）

徐氏墓群（清）

徐氏墓群位于平乐镇大石村，小地名茅草坡，清墓三座。

墓1为徐万□墓，坐西北向东南。墓冢平面呈梯形，条石围筑墓圈，长5.2米，宽5米，前壁两端截角，高1.5米。冢前立碑坊，三间四柱，重檐三楼庑殿顶仿木结构牌楼式石质建造。面阔3米，前后夹鼓总宽1米，通高4.6米。横长条石碑基座上架纵向条基四根成鱼骨架形（"冊"字形）。纵向条基刻成几案形，四角四条卷腿，左右两个大面刻三角覆巾下垂，覆巾上浮雕花鸟、蝙蝠、

徐氏墓群

徐氏墓碑局部（二）

卷草和花边，纹饰繁复。几案侧面浮雕"老鼠偷供果"：花丛中置一茶几，几上摆供果五盘，左右侧各刻老鼠一只攀上茶几偷食供果，为他处所不见。基座上立石碑柱四根成三间，每间嵌石碑一通。当心间阴刻楷书大字"徐万□之墓"，款署"光绪丁丑"（光绪三年，公元1877年）。碑上口饰石刻角花。栏额上均浮雕花卉，碑上方做匾堂。匾堂左右均刻高浮雕人物，开脸十分生动。左右两次间额枋上各浮雕故事人物两幅。其上覆短檐，刻瓦垄、瓦当、檐角龙骨和高翘的翼角。高石脊，外端刻鸱吻，尾部高翘。当心间额枋上高浮雕三幅，中间刻戏剧

徐氏墓碑局部（三）

徐氏墓碑局部（四）

场景人物，左右刻"戏彩娱亲"等。

其上覆石檐，石脊中间立高大的镂空雕宝顶。石脊两端浮雕鸱吻，尾部上翘，与缠枝纹饰相连，组成桃形镂空花。中间宝顶刻成三级塔形。底层龛门内浮雕二仙人像。第二层龛内浮雕男女立像各一尊。顶层龛内浮雕坐像一尊。每层之间刻塔檐，顶层为攒尖顶，三重葫芦形刹顶。鸱吻尾部和镂空花骑马人物等与塔相接。整个脊顶、鸱吻由整石雕成，造型别致。四根碑柱上阴刻联文。碑柱下方前后立梯形抱鼓石，中间两个稍高，正前面（窄面）中段半圆雕石狮一只。鼓面圆光内浮雕花卉。两次间抱鼓稍矮，前坡（窄面）无狮子。

墓 2 为徐李氏墓，坐西向东。墓冢平面呈长方形，石砌墓圈，长 5 米，宽 3.2 米，高约 1.5 米。冢前立石碑，单檐庑殿式仿木结构石质建造。宽（含抱柱）3.2 米，通高 3.2 米。长条石碑座，四围满工浮雕卷云纹、雷纹。其上靠近中段立碑柱两根，柱间嵌石碑一通，阴刻"徐母李氏老孺人墓"，款署"宣统三年"（公元 1911 年）。楣枋上浮雕"八仙"人物，当中一仙人驾鹤，共九身。其上置匾堂，阴刻"庆衍三多"四字。左右各浮雕仙人一身。匾额浮雕一幅：当中雕城楼、城墙、城门紧闭。左刻一座三孔石拱桥，桥下泊一小舟，船工头戴斗笠，蹲坐于地，右手托腮假寐。左侧刻一寺庙，一僧人正在撞钟。庙前河中一条带篷小舟，船头坐一人、站立一人。其上横置额枋。高浮雕人物故事三幅。每幅均在花边方框中开圆光，外框满工浅浮雕纹饰。庑殿顶,刻瓦垄、瓦当。瓦当雕刻"卍"字、"寿"字纹。檐脊简洁,无宝顶、鸱吻。两碑柱上浮雕兽头,兽鼻穿环做联板挂钩,阴刻联文:"教子相夫长留模楷;瓜繁椒衍永荐馨香。"两碑柱外侧立抱鼓。抱鼓石与碑柱等高,从碑座上直到横额枋下口。抱鼓石外形为葫芦样花瓣式。下部浮雕底座,座上阳刻"卍"字纹,覆巾呈三角形下垂。巾上浮雕法螺等。其上在抱鼓石鼓面分上、中、下三个大小不同的方形、异形开光,各浮雕戏剧场景人物三幅。开光以外,满工浅浮雕云纹、花卉等纹饰。此类做法也为其他墓碑所少见。

寂庆大和尚墓(清)

寂庆大和尚墓位于天台山镇纪红村,小地名官山东坡,坐东北向西南。

墓冢以条石砌墓圈,后壁为浮土所掩,平面略呈梯形,前宽2.5米,长4.2米,高1.5米。墓圈墙头覆檐,又依墓圈前壁立重檐、"八"字墙,墙头覆檐。墓前立墓坊,三重檐五楼庑殿顶仿木结构牌楼式石质建造。面阔(含抱鼓)4.6米,通高5米。素面条石碑基,其上起四柱成三间,各

寂庆大和尚墓

寂庆大和尚墓碑局部（一）

嵌石碑一通。当心间碑刻"脱化师爷寂庆大和尚墓"，右次间碑刻"脱化本师照睿和尚墓"，款署"清光绪二十九年全月"（公元1903年）。当心间碑页上方置镂空花牙，呈覆钵形。三通碑以上做匾堂。当心间阴刻行书"涌泉福地"。左右匾堂中刻扇形，其上分刻"地涌""金莲"。楣枋上浮雕花卉，匾堂左右高浮雕人物。两次间额枋上浮雕戏剧人物故事。枋上立三柱成两间，柱上高浮雕吊柱、天宫罩，每间分刻人物、麒麟、花卉。其上覆庑殿式石檐，刻瓦垄、高脊，外端鸱吻高翘。当心间额枋上浮雕人物场景一幅，人

寂庆大和尚墓碑局部（二）

寂庆大和尚墓碑局部（三）

物多达二十五个。枋上起第二层，中间立二柱，嵌碑一通，阴刻"龛塔"二字。左右两次间立二柱，柱上浮雕吊柱、天宫罩，每间浮雕桌椅等。其上覆石檐如底层碑檐。第二层当心间额枋宽大，浮雕戏剧人物一幅。枋上立四柱成上层三间。每根立柱正面高浮雕仙人一身，帛带环飞。当心间刻变形草书"福"字，两次间浮雕桌椅等。顶上覆石檐，正脊宝顶呈"山"字形。鸱吻、宝顶龙纹盘绕，局部镂空。

底层四根碑柱上刻联板、联文。底层外侧立抱鼓，花瓣式。抱鼓石高大，外沿呈阶梯状卷云纹，分上、中、下三段梯形或方形开光，浮雕人物、花草。底层

寂庆大和尚墓碑局部（四）

寂庆大和尚墓碑局部（五）

方框中开圆光，浮雕人物。开光外围满工浮雕草叶纹。

这类和尚墓的修建，无论是墓冢或是墓坊，都与这一地区同时代的汉族平民墓没有区别，应是晚清民俗葬制对宗教界影响的结果，对清代僧俗民间文化的研究具有一定的价值。

灵光寺僧海云墓塔（明）

灵光寺僧海云墓塔位于水口镇合江村，明代灵光寺遗址西北侧，坐西北向东南。石质四方形三级僧墓塔。

四方形石砌塔基，塔基上以条石砌筑高大的底座，平面呈四方形，边长4.1米，高1.7米。东南方开长方形门洞，安双扇石门。底座中空，内中以条石筑塔心室为墓室，四方形，边长1.8米，室中置棺台，早年被盗空。四壁刻花卉，顶上刻团花藻井。塔心室外壁与底座内壁之间形成回廊。塔底座上口为平台，在平台中心砌四方形塔基，其上石砌束腰须弥座，边长1.8米。束腰四角浮雕竹节、竹竿，四面高浮雕卷草纹、花卉。须弥座上沿立石刻栏杆（柱、板）。中心建第一层塔身。四角立四根大石柱，柱间镶嵌石板为塔身。塔身四面各开假门洞一道，浮雕双扇假门各两扇，门扇假窗之上刻卷草纹，门洞上方石刻挂落，呈覆钵形。正面塔匾楷书阴刻"海云塔"，匾下石刻雀替。其他三面塔匾分别为"大乘山""如天沧""灵光寺"。其上覆宽大的石檐，塔檐挑出塔身甚远。檐口呈弧形，檐角上翘。

灵光寺僧海云墓塔

僧海云墓塔局部（一）

檐上刻瓦垄和各式图案瓦当。檐下仿木建刻龙骨、檐檩、椽子、挑枋、斗拱等。檐上做束腰平座，束腰四边有雕饰，平座上沿刻莲瓣纹一圈。座上口外沿做石柱、石栏板，栏板上有雕饰。中间砌上层塔身。四角立大石柱四根，柱间镶嵌石板，每面刻假门两扇。门上做卧"弓"字形楣枋，枋上刻扇形匾，四边刻出穿枋榫头。枋下石刻雀替予以支撑。四根角柱顶上搭条石额枋。枋上覆上层塔檐。上层塔身、塔檐均有递减。塔檐做法与第一层同。上层檐顶中心石刻圆形大刹座，刻仰覆莲瓣，刹座上置巨大的花苞形莲花为塔刹。花苞形塔刹比例偏大，十分

僧海云墓塔局部（二）

突出。塔上原有彩绘，大部已脱落，仅存极少部分。

该墓塔与天台山明代应光塔、灵空塔均属邛崃明代僧墓塔，造型优美，刻工精良，保存完好，弥足珍贵。

张星应墓（清）

张星应墓位于油榨乡马岩村，清墓，坐东向西。

整个墓地平面呈半圆形，地面铺筑石板，外沿垒砌石块，前方以条石保坎做台阶连接上下。墓冢平面呈椭圆形，以石灰浇铸。最长3.7米，高1.6米。冢前立碑，重檐三楼庑殿顶仿木结构牌坊式石质建造。碑座横长3.2米，碑宽2.9米（含抱鼓宽），通高5.5米。长条石碑座，座上刻覆巾呈三角形下垂，巾上刻绶带纹。碑座中间立碑柱两根，嵌石碑一通，阴刻楷书"张星应墓"，款署"光绪壬辰十八年孟冬月"（公元1892年）。楣枋上浮雕麒麟三只。楣枋以上做匾堂，阴刻"光前裕后"四字。匾堂左右壁各有半圆雕人物一个。匾堂上栏浅浮雕双凤。其上横搭额枋，左右两端向碑柱外挑出较长，浮雕戏剧人物三幅。中间一幅为报喜、歌舞，两端

张星应墓碑局部

为刀马人物。额枋之上立六柱,结成第二层碑身三间。当心间两根碑柱上各有半圆雕仙人两个,亭阁一间。柱间嵌"福禄寿"三星人物高浮雕一块。左右两次间石柱半圆雕吊柱、莲花。柱间嵌镂雕花板。额枋上浅浮雕云鹤。其上覆短檐,刻瓦垄、瓦当,鸱吻高大。当心间"三星图"之上搭第三层额枋,两端向外挑出,高浮雕戏剧人物三幅。中间道教人物场景一幅,左右武打场景各一幅。顶层额枋以上立石柱四根成三间。柱头刻吊柱、斗和金瓜。金瓜下浮雕果盘和石榴等瓜果。当心间嵌立匾一块,楷书直排阴刻"皇恩宠锡"四字。匾四周嵌双层镂空

张星应墓

雕蟠龙华带。两次间各嵌镂空雕人物花板。次间外侧花形撑弓共同支撑庑殿式檐顶。高大的"山"字形脊顶，鸱吻尾部高翘外展。宝顶为葫芦形，下层开光内浮雕人物一组，中层开圆光，浮雕坐姿仙人一幅，顶上为圆宝珠，云纹相连。碑柱下抱鼓石高大，与下层等高，花瓣形，下部长方形开光内浮雕"鹿鹤同春""犀牛望月"等图案。左右抱鼓石正前（窄面）上中部，半圆雕一人骑于狮背上，朝向墓碑两侧，极为少见。

李永松夫妻墓（清）

李永松夫妻墓位于天台山镇冯坝村，坐北向南，由墓冢、墓坊和墓碑组成。

墓冢平面略呈梯形，条石砌墓墙，长4.1米，前宽3.7米，后宽3米，高1.2米。墓坊墙与墓冢前壁紧连。墓坊为三重檐仿木结构牌坊式石质建造，两侧接"八"字矮墙，平面呈鞍桥形，宽5.2米，高3.4米。墓坊素面石砌台基，其上立三柱成两间，每间刻雕花假门两扇。三柱柱身、柱头及石横枋上均浮雕图案纹饰。横枋上置长石檐，刻瓦垄、瓦当。其上起四柱三间为上层，当心间稍高于两次间。当心间横排阴刻"云封雾锁"四字，

李永松夫妻墓

李永松夫妻墓碑局部（一）

两次间嵌石雕镂空窗格。三间上各覆石檐，庑殿式，刻瓦垄、瓦当、翼角、石脊和鸱吻，正脊置宝顶。左右为石质"八"字墙，建于素面石台基上，台基正面各刻花卉两幅。"八"字墙上覆庑殿式石檐，外侧翼角高挑，石脊上雕花饰图案。两"八"字墙外侧各置一夹鼓石，内侧紧连坊墙。墓碑位于墓坊前，重檐庑殿顶仿木结构。长方形素面石砌碑座，二柱单碑，碑总宽1.4米，通高3.8米。碑页刻李永松夫妇名讳，署款"清嘉庆二十五年"（公元1820年）。其上置石檐，檐上置上层碑身，浮雕骑射人物一组。其上置上重

李永松夫妻墓碑局部（二）

李永松夫妻墓碑局部（三）

石檐，刻瓦垄、翼角，脊和卷草花式鸱吻。中脊上置石刻"寿"字纹宝顶。石碑左右下部外侧有曲瓣形抱鼓。该墓浮雕、镂雕戏剧故事人物、鸟兽、花卉、八宝、祥云等，图案精美。

造纸坊李氏墓（清）

造纸坊李氏墓位于天台山镇清水村，因该地原有手工造纸作坊而得名。清墓二座，坐北向南。

墓1为李成龙夫妻墓，依墓墙前壁建重檐三楼仿木结构牌楼式墓坊。坊前立单碑，立碑于"清道光元年"（公元1821年）。墓2平面呈梯形，以条石砌筑墓圈，长4.2米，前宽2.6米，高1.8米。紧贴墓墙前壁建墓坊，三重檐五楼庑殿顶仿木结构石质建造。面阔三间四柱3.2米，通高4.4米。长条石基座，有雕饰。基座上立四柱成三间，各嵌碑三通。碑上口装饰镂空花牙。三通石碑已被砸毁，碑后墓墙前壁已暴露。三间楣枋上浮雕狮、鹿、马等动物。其上做匾堂。两次间做扇形匾额，阴刻"瓜瓞""绵延"。当心间做横长方形匾，上、左、右三方浮雕花卉。当心间匾堂阴刻草书竖排六行，

造纸坊李氏墓（一）

内容为唐人张继《枫桥夜泊》全诗："月落乌啼霜满天，江枫渔火对愁眠。姑苏城外寒山寺，夜半钟声到客船。"在墓碑坊上刻唐诗，为邛崃境内墓碑中仅见。两次间额枋上浮雕人物，其上覆第一重檐，刻瓦垄、瓦当，脊上刻花。脊外端镂空雕花卉上翘，代替鸱吻兽。当心间额枋两端向外挑出，枋正面浮雕戏剧人物两幅、双夔龙一幅。枋以上立长柱两根、短柱四根结成第二层三间。第二层当心间碑柱上浮雕祥云、仙鹤、蝙蝠，柱间嵌石碑一通，阴刻楷书"息神府"三字。左右两次间短柱上浮雕花卉，柱间嵌雕花板，两外侧有撑弓。其上覆第二层

造纸坊李氏墓（二）

石檐,做法略同第一层。当心间碑上方搭上层额枋,高浮雕"八仙",中间刻仙翁跨鹤,共九身。顶上覆石檐,翼角镂空花上翘。"山"字脊顶,宝顶为镂空花三角形,中间圆光内浮雕人物。

下层四根碑柱前面做抱鼓石。中间一对稍高。花瓣形,鼓面圆光中雕刻亭台、花鸟。抱鼓石正前面(窄面)上部半圆雕狮子。外侧抱鼓稍矮,无狮子。底层两根碑柱柱头各浮雕刀马人物一幅。此墓碑坊柱上无联文,也属少见。

张氏墓群(清)

张氏墓群位于天台山镇土溪村。清墓三座,坐西北向东南,墓前立双桅杆。

墓1为张升高夫妻墓。墓2为张月惠夫妻墓,清道光二十一年(公元1841年)立碑。墓3为张世万夫妻墓,清同治五年(公元1866年)立碑。墓1和墓2形制基本相同。墓1平面呈长方形,条石砌筑墓圈,长4.5米,宽4.4米,高1.6米。依墓墙前壁建墓坊,重檐五楼,下部左右侧接"八"

张氏墓群

张氏墓碑局部(一)

字墙,平面呈马鞍形。墓坊条石基座,刻花饰。其上立三柱成两间,每间以两块大石板做墓室门,每间刻假门两扇。其上架大横枋,浮雕几案、瓶花、炉等。枋两端覆短檐作为第一重檐。横枋上立四柱成上层三间。两次间浮雕花鸟,次间额枋上高浮雕人物场景。其上覆第二重檐。当心间碑页楷书直排阴刻"卫守府"三字。中二柱阴刻联文,其上搭上层额枋,高浮雕庭院内人物场景。其上覆顶层石檐。檐脊残损。下部左右接"八"字矮墙,庑殿顶,墙侧立有榴花形夹鼓石,圆光内浮雕花卉。

墓坊前立石碑,重檐三楼庑

张氏墓碑局部(二)

殿顶仿木结构牌楼式石质建造。面阔三间四柱3.7米，通高4.7米。碑下为长条形须弥座，座上刻大莲瓣。碑座上立四柱成三间，每间各嵌石碑一通。当心间阴刻竖排楷书"皇清正六品副总府张公升高、简氏墓"，款署"天运癸巳年大吕月"。据碑后所刻《序》"同治五年抚车岭镇李文珍次子更名张明钊……又同治七年二月十二捐正六品千总。……弟明月修公（升高）、简氏之墓……于是修围（桅杆）一对，竖碑一通。"碑署"癸巳年大吕月"，当是光绪十九年，即公元1893年。两次间分刻行书"顾此黄石""游忆赤松"。当心间楣枋上刻"佳城永固"。两次间楣枋上刻扇形匾"虎踞""龙蟠"。两次间楣枋上覆短檐。当心间额枋上浮雕大场景人物一幅，刀马人物两幅。其上覆上层庑殿顶石檐，檐角高翘，高大的镂空"山"字形石脊，中间葫芦形宝顶。中二柱柱头浮雕刀马骑射人物，阴刻联文。两根外柱侧立面为花瓣形夹鼓。圆光内浮雕花卉，上段刻"卍"字纹。

一对石桅杆位于墓前8米。底座为四方形，分上、下两层：下八边形，上圆形。底座上立八边形石桅杆，杆上段置石刻仰斗，四面刻古钱纹，斗下四角置镂花撑弓。桅杆顶部残损，残高7.8米。

张氏墓碑局部（三）

张星映夫妻墓

张星映夫妻墓（民国）

张星映夫妻墓位于水口镇钟山社区，民国初年墓葬，坐西北向东南，土冢墓。

墓冢平面呈不规则椭圆形，最长约2.8米，高约1.5米。冢前立石碑，插屏式单页碑，红砂石质。长条石碑座，座上立碑页，宽0.8米，高1.4米，厚0.11米。楷书直排阴刻张星映、范氏名讳，署款"大汉洪宪元年丙辰清明节竖"（公元1916年）。袁世凯于1915年12月12日称帝改元，将民国五年（公元1916年）改为洪宪元年，史称洪宪帝制。帝制当即遭到全国反对，遂废止，时

张星映夫妻墓碑

长仅 83 天。张墓立碑款署"大汉洪宪元年",为邛崃境内目前发现的唯一的洪宪元年墓碑。

叶家土扁墓群(清)

叶家土扁墓群位于天台山镇天井村。清墓十四座,分布于叶家土扁一带,年代从乾隆至光绪。坐西向东,部分墓有墓坊,墓坊前立碑。其中"叶母杨老太君墓""叶子明墓"墓坊上立石刻"皇恩宠锡"匾。

"叶母杨老太君墓",墓冢平面呈梯形,条石砌筑墓圈,依墓圈前壁建墓坊。三重檐五楼庑殿顶仿木结构牌楼式石质建造,平面呈马鞍形。当心间一间,底层两次间为"八"字墙,外接抱鼓石。

墓坊条石为基,其上立二柱,柱间以石板封墓门,石板上浮雕假门两扇。假门上半各浮雕庭苑一角,苑中半露敞轩,门帘挑起,桌几上置棋、琴、书、画和乌纱官帽一顶。中腰板浮雕书剑。素裙板。门楣刻"卍"字纹。左右接"八"字矮墙,上下开明堂,阴刻碑记。额枋上浮雕花鸟,其上覆第一层石檐,檐口呈弧形,翼角上翘。以简单线条刻出瓦垄。高石脊,脊正面刻花卉。脊背上镂空雕长大的卷草花叶纹作为鸱吻,向外挑出

叶家土扁墓群

叶家土扁墓碑局部（一）

甚远，与檐口齐。"八"字墙外柱上刻长联。柱外侧立琴阮式抱鼓，纹饰简洁。当心间假门之上搭高大的额枋，枋上横刻人物场景一幅，计有官（儒）、仙、神、佛、道共十三身。额枋之上起第二层。当心间中部立短柱两根，嵌立式碑匾一道。碑匾下部浮雕海水座，两边高浮雕加双层镂雕蟠龙华带边框至顶。顶上镂雕夔龙式五环相扣做花冠式碑首。匾心竖排阴刻楷书"皇恩宠锡"（填金）。碑柱上刻联文。第二层左右两边为整石斗形坊身，分上下浮雕戏剧人物故事各两幅。其上覆第二层石檐，做法与第一层檐相同，唯

叶家土扁墓碑局部（二）

叶家塥墓碑局部（三）

靠近当心间出耳檐，如意头檐角，耳侧各浮雕人物一个。第二层当心间碑匾以上额枋浮雕人物场景一幅。其上置顶层仰斗形坊身，浮雕戏剧人物故事一幅。上覆顶层石檐，檐角上翘，线刻细密瓦垄。正脊刻作覆巾基座，其上置雕花宝顶。宝顶中心为三级亭阁式方塔，三间四柱，塔檐呈弧线，葫芦形塔刹。宝顶外侧镂空雕卷草花叶纹与塔相接，草叶纹曲线组成矮葫芦瓶，瓶腹弧线向左右两侧膨出，夸张而生动，与每层向外高挑的檐脊构成复杂的空间，为其他清墓所少见。墓坊前立墓碑。墓碑设计相对简略，单檐庑

叶家塥墓碑局部（四）

殿顶仿木结构，长条石碑基，素面。其上立碑柱两根，中嵌石碑一通，竖行阴刻"清故叶母氏杨老太君之墓"，款署"光绪三十二年丙午（公元1906年）冬月"。横匾一道阴刻"百世其昌"。碑柱头各浮雕人物两个，刻联板，阴刻长联一副。柱上搭额枋，浮雕戏剧人物一幅。其上覆庑殿式石檐，檐角上翘，檐上线刻细密瓦垄，短脊。脊正面浮雕"卍"字纹。檐脊上立镂雕花宝顶。宝顶中心为"亚"字形方碑，阳刻花边图案，中心阳刻变形"寿"字。其上立带手柄宝镜式宝顶。周围镂雕卷云纹与宝顶相连，外形略呈桃尖形。中段卷云纹呈弧曲线向左右挑出，几近石檐左右檐口，远观造型有如清代妇女头饰发簪，独具匠心。碑柱两外侧立胆瓶形抱鼓石，下部圆光内浅浮雕花卉，鼓身刻草叶纹。在抱鼓正前面（窄面）瓶颈处，半圆雕手捧花瓶侍女立像各一个，生动自然。

"叶子明墓""叶恒新墓"墓坊做法与"叶母杨老太君墓"相同或相似，唯"叶恒新墓坊"上无"皇恩宠锡"匾，代之以"五福呈图"匾。叶恒新墓碑为单檐庑殿式单碑，叶子明墓碑为重檐三楼庑殿式碑，均立于清光绪

叶家土扁墓碑

十五年己丑（公元 1889 年）。碑坊造型独特，石刻纹饰繁复，刻工精美，是邛崃清代晚期墓碑造型和石刻艺术的经典之作。

李春和夫妻墓（清）

李春和夫妻墓位于天台山镇马坪村，坐北向南。

墓冢平面呈长方形，条石砌筑墓圈。墓圈墙顶覆歇山式石檐，长 3.5 米，宽 3.2 米，高 1.8 米。墓冢前立墓坊，重檐三楼庑殿顶仿木结构牌楼式石质建造，面阔三间四柱 5.4 米，通高 5 米。条石须弥式碑座，座上刻覆巾下垂。座上起四柱，柱间嵌石碑三通。当心间竖行阴刻楷书李春和、王氏、郭氏名讳，署款大篆书体阴刻"壬子年冬月"（壬子年为咸丰二年，公元 1852 年）。四根碑柱上方浮雕人物（中二柱为刀马人物，外二柱为仙童）。人物以下浮雕神兽头，衔环为联板挂钩，阴刻联文两副。碑上做匾堂，分刻隶书"地贵""人贤""佳城巩固"。匾堂上下栏额浮雕飞马、宝剑和笔砚。匾堂左右立枋上高浮雕人物：当心间雕书生、僧人各一个，两次间各雕一长老抚育幼童。造型生动，极富情趣。匾堂之上搭额枋。当心间额枋上高浮雕"八仙"，中间一位仙翁肩扛杖，杖上挂葫芦，一只白

李春和夫妻墓

李春和夫妻墓墓碑局部（一）

鹤立于脚下，双翅微张。九个人物神形各异，开脸尤其生动。两次间左额枋高浮雕世俗人物一组四个。右额枋浮雕《西游记》唐僧师徒四人，无马。两次间额枋上各立短柱三根成第二层两间，左右共四间，短柱上浮雕花卉。柱间各嵌方形石板一块，刻作垂幡锦旗式：中间分刻"百""世""其""昌"四字，字外围阴刻花边，字下方刻变形"寿"字纹。其上覆石檐，刻瓦垄、瓦当、脊和鸱吻。当心间额枋以上立四柱成上层三间，做法同第二层两次间，三间中分刻行楷书"国""学""士"三字。顶上覆庑殿顶石檐，翼

李春和夫妻墓墓碑局部（二）

李春和夫妻墓墓碑局部（三）

角上翘，刻镂空花。"山"字形脊，正脊和两端鸱吻如龙舟形。宝顶为仰覆莲瓣上托两重圆鼓。下重圆光内浮雕人物一组。上一重浮雕草书"福"字。两侧镂空草叶纹连接成桃形。顶尖残损。

碑柱下部外侧榴花形抱鼓。鼓下为束腰须弥座，覆巾下垂，巾上刻花卉。下部圆光内浮雕人物立于祥云之上。抱鼓满工刻人物、花鸟、走兽以及"卍"字纹花边。抱鼓正前面（窄面）上部花瓣之下，半圆雕小狮子一头，头下尾上作向下俯冲状。狮子大耳、大眼、大鼻子、大嘴，形态如狮子狗。

青冈林墓群（清）

青冈林墓群位于油榨乡新桥村。清墓五座，坐东向西。墓冢平面，三座为梯形，两座为不规则椭圆形。冢前立碑，其中，以张正朝墓碑之石刻最具特点。

张正朝墓为土冢墓，平面呈不规则椭圆形，最长约3.8米，高1.4米。冢前立碑，单檐庑殿顶仿木结构石质构造。碑座长3.2米，宽0.65米，通高4.1米。长方形条石素面碑座，座上立碑柱两根。柱间夹石碑一通，

青冈林墓群

竖行阴刻行楷书张正朝名讳,款署"同治十有三年岁次甲戌孟冬"(公元1874年)。碑上口原有石刻花牙,今已毁。楣枋之上做匾堂,刻"源远流长"四字。匾额上下浅浮雕"卍"字纹、花卉、草叶纹。匾堂左右柱枋上高浮雕骑马神将一组。柱上刻联板、挂钩,阴刻行楷书联一副。碑柱顶上搭宽大额枋,两头挑出。正面高浮雕百官拜寿图一幅,戏剧武打刀马人物两幅。额枋以上立短柱五根构成上层四间。短柱上段半圆雕吊柱、斗、金瓜、火珠。柱间嵌雕板四块,每块半圆雕"八仙"中二仙人物立像,其身段、动态、面相、表情、衣饰雕刻十分生动精美。石雕人物下半身后面与

青冈林墓碑局部(一)

青冈林墓碑局部（二）

原石相连，上部除头颈部刻一垫块与原石相连外，大部做圆雕、半圆雕，是其特点。碑柱下部外侧置榴花形抱鼓石。鼓下有座，鼓面开圆光浮雕《西厢记》中张生于墙头偷看莺莺、红娘的情景。圆光之上浮雕戏剧故事人物。抱鼓石正前面（窄面）上圆雕、半圆雕卧狮一头。

李崇福夫人余氏墓（清）

余氏墓位于水口镇响水村，小地名齐口，清墓，单碑单墓，坐东北向西南。

墓冢呈不规则椭圆形，长6米，前宽3.3米，后宽4米，高约1.5米，红砂石垒砌。墓冢前立红砂石横式墓碑。檐宽2.8米，厚0.7米，通高1.75米。须弥碑座，刻"卍"字纹。座上立二柱，柱头叠置刻花栌斗，柱上刻联。柱间镶嵌横卧式大碑页一块，直行楷书阴刻"皇清例赠孺人李母余老太君之墓"，上款"赐进士出身钦点法部主政河南清吏司行走升授员外郎候选湖南知县姻愚晚曾光爔顿首拜题"，下署"宣统元年三月二十八"（公元1909年）。碑页上架条石横枋，隶书阴刻"蔚启人文"四字。卷棚歇山式，

李崇福夫人余氏墓

刻瓦垄和过山式垂脊。横卧式单檐卷棚顶墓碑较为少见。后碑有"庚子恩科举人候知州同姻愚侄高重钊拜撰"的墓志铭。曾光燨、高重钊皆为邛州名宿。

附录：李崇福墓志[①]

　　公姓李氏，讳崇福。祖籍福建汀州府上杭县。先祖德先公迁蜀之始也，居华阳簇桥夏家湾。曾祖友贵，祖文林，考万金，德配余氏。公生有令德，才智绝人。壮从叔父征雷波，有军功。公慨然弃去，混迹市廛，以舒愤懑郁积之奇气。爱临邛风土醇厚，遂家焉。生子五：定芳、吉芳、德芳、桂芳、利芳，皆善继公志。孙京元、炳灵，崭然见头角。李氏之兴，盖未艾也。女一适傅学焘。丙戌十二月告终里仁街，正寝享年七十有一。卜葬西关外莲花山麓，风停水止，洵佳城也。铭曰：
　　茕茕幼弟，冒险扶持。
　　延叔一脉，人昧天知。
　　始多磨折，终启鸿规。

五子林立，孙亦瑰奇。

莲峰灵秀，瘗魄攸宜。

德无不报，吾信于斯。

注：①李崇福墓位于西门莲花山，碑名"皇清诰授武信骑尉李公讳崇福老大人墓"，下署"大清光绪岁次著雍困敦年姑洗月十三日"。该石刻墓志铭埋于墓穴中，1999年后人维修墓时发现。

"著雍"即"戊"的别称，"困敦"即"子"的别称，"姑洗"即农历三月的别称，此即光绪戊子年三月十三日。光绪戊子为光绪十四年，公元1888年。

李崇福墓碑上有联："效陶朱弃官精货殖；忧末世积德茂孙枝。"下署"姻愚再晚张志英顿首拜题"。该墓志铭对明清邛崃移民及民风的考证具有一定的史料价值。

蔡氏墓地（清）

蔡氏墓地位于油榨乡马岩村、小地名李子坪的坡地上。清代蔡氏家族墓4座，坐南向北。

墓地前方分上下两台以条石围砌保坎，中间做垂带式踏道十七级连接上下。墓1、墓3、墓4为土冢墓，平面呈不规则椭圆形。墓2墓冢平面呈梯形，以条石砌筑墓圈，长3.5米，前宽3.5米，高2米。墓冢前立坊，三重檐五楼庑殿顶仿木结构石质建造，三间四柱，底座长4.5米，残高4.6米。红砂条石碑座，座上覆三角巾下垂，巾上刻花卉、绶带纹。座上立碑柱四根，柱间嵌石碑三通。当心间碑竖行楷书阴刻蔡登兴、李氏名讳，款署"同治二年癸亥季冬"（公元1863年）。碑口上方原有石刻花牙，今部分毁损。碑以上做匾堂，分刻行草书"燕翼贻谋""源远""流长"。两次间匾堂上下栏额上浮雕花卉、草叶纹，左右立枋上浮雕花瓶，瓶中插笔、画轴、矛、戟、拂尘。当心间匾堂上下栏额浮雕麒麟、龙凤等。左右立枋上浮雕花鸟。两外柱柱头上方各有高浮雕二仙人物。人物下方浮雕蝙蝠，双翼向下，翼尖作为联板挂钩，联板上阴刻行书对联一副。当心间中二柱柱头上方半圆雕刀马人物各一组。人物之下浮雕怪兽头衔环作为联

蔡氏墓地

板挂钩,联板上阴刻行书对联一副。两次间柱头之上搭额枋,各有高浮雕人物故事场景两幅。左一有花翎顶戴的官绅、樵夫等。左二有书馆先生、学生和骑牛背放风筝的牧童。右一有脚踏祥云的送子娘娘和头上有人打着万民伞的官员拱手接福。右二有"二十四孝"的"孝感动天"中神象代耕和一手拿竹夹子、一手提狗屎箢篼捡粪的农人等。下层两次间额枋以上又立短柱三根结成第二层两间。短柱上部浮雕挑头方斗、金瓜。中部浮雕炉、盘、供果等。下部刻方形花座。柱间各嵌浮雕板一块。左一高浮雕"大禹治水,神助其功";左二高浮雕"戏彩娱亲";

蔡氏墓碑局部(一)

蔡氏墓碑局部（二）

右一高浮雕"求鲤"；右二高浮雕"负米"等"二十四孝"故事场景。其上搭横枋，枋上刻莲瓣。其上覆短檐，刻瓦垄，翼角高翘。脊上浮雕花饰、鸱吻。当心间额枋上高浮雕三幅，中间刻拜寿场景一幅，左右各刻推辇图一幅。其上立短柱四根结成上层三间。外侧两根短柱做法如同下层。柱外侧有镂雕花撑弓支撑石檐。左右两次间各嵌浮雕板一块，分刻牵马、骑马人物一组。其上搭横枋，覆第二层檐，做法与下层两次间同。当心间两外侧为花式耳墙，浮雕花卉。当心间雕刻分为内外三层，内层中心竖排阴刻楷书"皇恩宠锡"四字。华带匾框为中层，华带边框宽厚，分层镂空雕蟠龙五条，匾首正中雕一龙头，下部刻海浪朝阳。匾框与耳墙之间为外层。两边上部各有高浮雕仙童一个。下部高浮雕花瓶置于花架之上，瓶中插花。其上置上层额枋，高浮雕"八仙"和"仙翁跨鹤"共九身。枋以上又立短柱四根结成上层三间。短柱上部浮雕吊柱金瓜，下部刻方形花瓣座。柱外侧镂空花撑弓支撑石檐。柱间嵌高浮雕"二十四孝"故事之"哭笋""葬父"和"涤器"三幅。顶上覆庑殿式石檐，脊与宝顶已毁损。

下层两次间碑柱外侧立榴花形石抱鼓，下部鼓面圆光内浮雕戏剧人物故事。圆光以外浮雕花鸟（左抱鼓石已毁）。碑枋背面，在三通碑页背面刻碑记和楹联两副。该墓碑高浮雕石刻内容丰富、人物众多，其官、民的服饰、发式等，是研究清代临邛民俗的珍贵资料。

汉 墓

汉代墓葬在今邛崃市域内分布甚广，大部分镇乡都有汉代砖室墓群或东汉崖墓。汉代砖室墓群主要分布在市域东部、东南部、东北部和临邛平坝地区，尤以羊安（含原泉水乡）、牟礼、固驿、前进、桑园、临邛规模最大、最为集中。其封土堆高大如丘，民间俗称为墩子、堭墩儿或张墩子、王墩子……大多为几座、十几座，甚至几十座砖室墓集中堆成一个巨大的封土堆，其上多为农耕地或后代坟园。这些封土堆后世因农业生产、烧砖取土而普遍遭到破坏。

其墓大多为典型的东汉花边砖券顶砖室墓，有单室、双室、多室。墓室中多有壁龛。砖铺墓底，四边留排水沟。少部分墓室内壁嵌有画像砖。

邛崃出土画像砖有单阙、双阙、舂米、庭院、宴饮、车骑、斧车、车马出行、杂戏、西王母、弋射·收获、单阙·门亭长等。其墓砖花边多几何纹、钱纹、凤鸟纹，极少数有纪年，如永平、永元等。墓室绝大部分早年已被盗空，少量出土小型陶俑、耳杯、碗、罐、瓢、陶猪、狗、鸡、灶和陶房等。偶见陶棺及陶制墓室构件。陶俑主要有庖厨俑、持锸俑、抚琴俑、抚耳（听琴）俑、舞俑等。

2009 年 5 月，对羊安镇檀荫村汉墓群进行抢救性清理发掘，清理出的西汉土冢墓有厚大木板支撑墓壁，外椁内棺，墓中出土有汉代陶器、铁器、漆器（残片）和铜车马、铜席镇等精美器物，显现出高规格的葬制。

东汉崖墓主要集中在临邛、平乐（含原下坝）、孔明、茶园、水口、油榨等西部山区沿江地带。西南的夹关、道佐等沿江河山区亦有分布。崖墓依山开凿岩洞作墓穴，多为双层方形、长方形墓洞口。墓室平面多呈长方形，大小不一。有单室、双室和多室。部分墓室中刻壁龛、石床、石灶等，所见纪年题刻有"熹平四年"（公元 175 年），熹平四年为东汉灵帝刘宏的第二个年号。绝大多数暴露的崖墓早年已被盗空，部分崖墓在修建公路之类建设施工时被发现并毁坏或部分毁坏。少量崖墓中出土有小型陶俑人物、陶猪、狗、鸡、灶和陶房等。当地居民常误将崖墓视为古代少数民族居住的洞穴，俗称"蛮洞子"。

无论是邛崃境内汉代土坑墓、砖室墓或是崖墓出土的精美漆器、铜车马、铜席镇、陶俑、陶耳杯、陶房以及精美的画像砖，都是临邛两汉时期政治、经济、文化、社会生活的真实反映。特别是画像砖中的人物（服式、发型、用具等)、建筑、社会生活场景，无不真实地再现汉代临邛的繁荣景象，弥足珍贵。

象鼻山汉墓之一

象鼻山汉墓之二

象鼻山汉墓

象鼻山汉墓位于固驿镇杨坝村，小地名象鼻山。现存封土堆平面呈不规则圆形，高出地表约3米，面积约85平方米。曾被盗，四周散见汉代花边砖。

古松庵汉墓

古松庵汉墓

古松庵汉墓位于固驿镇柏林村，小地名古松庵。现存封土堆平面呈不规则长方形，高出地表 1～4 米，面积约 1013 平方米。曾有汉砖及汉墓随葬品出土。

大墩子汉墓

大墩子汉墓

大墩子汉墓位于固驿镇柏林村，因汉墓封土堆大而小地名叫"大墩子"，南距南河 500 米。现存封土堆平面呈方形，高出地表约 3 米，面积 1227 平方米。1975 年村民曾在此挖出大量汉砖，后用于修建"大寨桥"。

墩墩儿汉墓

墩墩儿汉墓

墩墩儿汉墓位于固驿镇柏林村,东距大墩子汉墓300米。现存封土堆平面呈不规则长方形,高出地表约1~2米,面积约590平方米。农业生产中曾挖出汉代砖室墓。

中安村汉墓

中安村汉墓

中安村汉墓位于高埂镇中安村,分散成六个点位。现存封土堆平面分别呈不规则方菱形、椭圆形等,高出地表1~3米,总面积约7600平方米。散见汉砖。其呈六个点分散应为后代农田建设所致。

汪大坟园汉墓

汪大坟园汉墓

汪大坟园汉墓位于临邛镇南江村。现存封土堆平面呈不规则长条形，西南—东北向，最长约220米，最宽约78米，高出地表约2米，总面积约3750平方米。地表散见汉砖，经田野考古钻探确定为汉墓。

何林汉墓

何林汉墓

何林汉墓位于临邛镇南江村，小地名何林。现存封土堆平面呈不规则长条形，东南—西北向，最长约250米，最宽约48米，高出地表约1.8米，总面积约5900平方米。地表散见汉砖。

黄大坟园汉墓

黄大坟园汉墓

黄大坟园汉墓位于临邛镇南江村，小地名黄大坟园。现存封土堆平面呈不规则长方形，最长约48米，最宽约27米，高出地表约2米，总面积约1280平方米。地表散见汉砖。

艾山墩汉墓

艾山墩汉墓

艾山墩汉墓位于临邛镇金鼓社区，小地名艾山墩。现存封土堆平面呈不规则长条形，东西向，最长约300米，最宽约130米，高出地表约2米，总面积约3900平方米。地表散见汉砖。

金鼓墩汉墓

金鼓墩汉墓

金鼓墩汉墓位于临邛镇金鼓社区,小地名金鼓墩。现存封土堆平面呈不规则椭圆形,最长约50米,最宽约30米,高出地表1~2米,总面积约670平方米。地表散见汉砖,农业生产中曾出土汉砖和汉墓随葬品。

汪巷子汉墓

汪巷子汉墓

汪巷子汉墓位于临邛镇金鼓社区,小地名汪巷子。现存封土堆平面呈不规则三角形,最长边约290米,高出地表约2米,总面积约2200平方米。地表散见汉砖,经田野考古钻探确定为汉墓群。

瓦窑墩汉墓

瓦窑墩汉墓

瓦窑墩汉墓位于临邛镇金鼓社区，小地名瓦窑墩。现存封土堆平面呈不规则多边形，最长约160米，最宽约90米，高出地表约2米，总面积约9000平方米。地表散见汉砖，农业生产中曾出土汉墓随葬品。

陈水碾汉墓

陈水碾汉墓

陈水碾汉墓位于临邛镇顺江村，小地名陈水碾。现存封土堆平面呈东西向两段不相连的不规则长条形，高出地表约2米，总面积约7200平方米。地表散见汉砖，当地农业生产中曾挖出汉代砖室墓。

朱墩子汉墓

朱墩子汉墓

朱墩子汉墓位于临邛镇南江村，小地名朱墩子。现存封土堆平面呈东南—西北向两段不相连的梯形、菱形状，高出地表约2米，总面积约2600平方米。曾发现汉代砖室墓。地表散见汉砖。

杨大坟园汉墓

杨大坟园汉墓

杨大坟园汉墓位于临邛镇南江村，小地名杨大坟园。现存封土堆被分割成三个，呈西南—东北向，略呈"品"字形排列。封土堆平面呈不规则长条形，高出地表1～2米。总面积约18000平方米。农业生产中曾挖出汉代花边砖。地表散见汉砖。

金鹅村汉墓

金鹅村汉墓

金鹅村汉墓位于临邛镇金鹅村。现存封土堆平面呈不规则长条状多边形,东西向,最长约220米,最宽约120米,高出地表约2~4米,总面积约6200平方米。地表散见汉砖。

老古庙汉墓

老古庙汉墓

老古庙汉墓位于临邛镇金鹅村,小地名老古庙。现存封土堆平面呈不规则梯形,最长边约110米,高出地表3~5米,总面积约12200平方米。农业生产中曾挖出汉砖。

黄烧房汉墓（1）

黄烧房汉墓（1）

黄烧房汉墓（1）位于临邛镇金鹅村，西南近处有小地名黄烧房。现存封土堆平面呈不规则条形，东西向，最长约75米，最宽约30米，高出地表约2.5米，总面积约5120平方米。地表散见汉砖。

黄烧房汉墓（2）

黄烧房汉墓（2）

黄烧房汉墓（2）位于黄烧房汉墓（1）西南，小地名黄烧房。现存封土堆平面呈不规则条状多边形，南北向，最长约80米，最宽约50米，高出地表约2.5米，总面积约1300平方米。地表散见汉砖。

凤义店汉墓（1）

凤义店汉墓（1）

凤义店汉墓（1）位于临邛镇金鹅村，南近凤义店。现存封土堆平面呈不规则长方形，最长约62米，最宽约45米，高出地表约4.5米，总面积约2700平方米。地表散见汉砖。

凤义店汉墓（2）

凤义店汉墓（2）

凤义店汉墓（2）位于凤义店汉墓（1）南面。现存封土堆平面呈不规则长条形，最长约135米，最宽约68米，高出地表2～5米，总面积约6800平方米。农田建设中曾发现汉砖。

何墩子汉墓

何墩子汉墓

何墩子汉墓位于牟礼镇三河村，小地名何墩子。现存封土堆平面呈不规则长方形，南北向，最长约56米，宽约35米，高出地表1.5～3.5米，面积约1770平方米。当地曾出土花边砖和汉墓随葬器物。

江山汉墓

江山汉墓

江山汉墓位于临邛镇金鹅村，小地名江山（因江姓多居于此而得名），西距临邛—拱辰公路50米。现存封土堆平面呈不规则半圆形，最宽处约120米，高出地表3～4.5米，总面积约5400平方米。地表散见汉砖，经田野考古调查确定为汉墓。

清河村汉墓

清河村汉墓位于牟礼镇清河村。现存封土堆平面呈不规则曲尺（L）形。长边长约54米，宽约45米，高出地表1～1.5米，总

清河村汉墓

面积约1500平方米。1995年当地砖厂烧砖取土时严重破坏封土，暴露出汉代砖室墓。经成都、邛崃文物部门抢救性清理发掘，出土有汉代铜器、铁器、陶器以及汉代画像砖"宴饮""庭院""车马"等，弥足珍贵。

三墩坝汉墓

三墩坝汉墓位于牟礼镇赵塔村。赵塔村因原有赵姓族人所建白塔（赵塔子）而得名。三墩坝之得名，则因原有三个大土墩

三墩坝汉墓

（汉墓）。现存封土堆一个，平面呈长方形，南北向，长约65米，宽约52米，高出地表1～3米，总面积约3100平方米。早年曾在此发现汉代砖室墓，并出土部分汉代器物。

三座坟汉墓

三座坟汉墓

三座坟汉墓位于牟礼镇三河村，小地名三座坟。现存封土堆平面呈不规则梯形，南北向，最长约65米，最宽约72米，高出地表1～2.5米，总面积约3200平方米。地表有汉砖碎块。

三河村汉墓

三河村汉墓

三河村汉墓位于牟礼镇三河村，现存封土堆平面呈不规则梯形，西北—东南向，最长约100米，最宽约64米，高出地表约2～6米，总面积约4700平方米。据调查，当地砖厂烧砖取土时曾挖出砖室墓。地表散见汉砖。

木兰地汉墓

木兰地汉墓

木兰地汉墓位于牟礼镇三河村,小地名木兰地。现存封土堆平面呈不规则长方形,东西向,长约60米,宽约40米,高出地表1~2米,面积约2300平方米。地表散见汉砖。

杨坟园汉墓

杨坟园汉墓

杨坟园汉墓位于牟礼镇清河村,小地名杨坟园,因汉墓封土堆上有后代杨氏坟园而得名。现存封土堆平面呈不规则长条形,东西向,最长约84米,最宽约34米,高出地表1~3米,面积约2800平方米。农业生产中曾发现汉砖。

石羊庙汉墓

石羊庙汉墓

石羊庙汉墓位于牟礼镇凤林村,小地名石羊庙。现存封土堆平面略呈不规则三角形,最长约67米,高出地表1～3米,总面积约1350平方米。封土暴露有汉砖。

敖坟园汉墓

敖坟园汉墓

敖坟园汉墓位于牟礼镇三河村,小地名敖坟园,因汉墓封土堆上有后代的敖氏坟园,故名。现存封土堆平面呈不规则三角形,东西向,最长约78米,最宽约48米,高出地表1～4米,总面积约3000平方米。地表散见汉砖。

刘墩子汉墓

刘墩子汉墓

刘墩子汉墓位于牟礼镇凤林村7组,俗称刘墩子。现存封土堆平面呈不规则圆形,最宽约37米,高出地表1～1.5米,总面积约800平方米。局部断面有汉砖、汉代陶片等遗物。

刘高坎汉墓

刘高坎汉墓

刘高坎汉墓位于牟礼镇凤林村,小地名刘高坎。现存封土堆平面呈不规则椭圆形,东西向,最长约80米,最宽约54米,高出地表约1～4米,总面积约2200平方米。据调查,当地农业生产中曾出土有汉砖及汉代随葬器物等。

乔坟园汉墓

乔坟园汉墓

乔坟园汉墓位于牟礼镇永丰社区，小地名乔坟园。现存封土堆平面略呈不规则梯形，西南—东北向，最长边约36米，最宽约30米，高出地表1～3米，总面积约950平方米。地表散见汉砖。

任坟园汉墓

任坟园汉墓

任坟园汉墓位于牟礼镇凤林村，小地名任坟园。现存封土堆平面略呈不规则菱形，南北向，最长约220米，最宽约180米，高出地表2～4米，总面积约3800平方米。当地建房时曾挖出汉墓，农户房基汉砖犹存。封土地表散落汉砖。

海会寺汉墓

海会寺汉墓

海会寺汉墓位于牟礼镇赵塔村。现存封土堆平面略呈六边蜂房形，南北向，纵长约98米，宽约70米，高出地表1～4米，总面积约6400平方米。断面部分暴露出汉代砖室墓墓壁。

官坟园汉墓

官坟园汉墓

官坟园汉墓位于牟礼镇凤林村，小地名官坟园。现存封土堆平面呈不规则长条形，东西向，最长约64米，宽约24米，高出地表3～5米，总面积约1400平方米。据调查，农业生产时曾发现汉代砖墓多座。地表散见汉砖。

刘大坟园汉墓

刘大坟园汉墓

刘大坟园汉墓位于牟礼镇乌木村,小地名刘大坟园。现存封土堆平面呈不规则长方形,西南—东北向,长约80米,宽约70米,高出地表1~3.5米,总面积约5600平方米。地表散见汉砖、汉代陶片等遗物。

青龙嘴汉墓

青龙嘴汉墓

青龙嘴汉墓位于牟礼镇同录村,小地名青龙嘴。现存封土堆平面略呈横长条形,为东西向横跨村道,最长约98米,最宽约54米。高出地表1~3米,总面积约5200平方米。地表散见汉砖。当年修建该村村道时曾挖出汉代砖室墓。

虎墩子汉墓

虎墩子汉墓

虎墩子汉墓位于前进镇虎墩村。现存封土堆平面呈不规则四方形，长约36米，宽约35米，高出地表约3米，总面积约1200平方米。当地曾出土大量汉代花边砖、楔形墓砖。

波耳（般若）寺汉墓

波耳（般若）寺汉墓

波耳（般若）寺汉墓位于牟礼镇清河村。其封土堆上原建有般若寺，民间音讹为波耳寺，寺庙已毁。现存汉墓封土堆平面呈不规则梯形，最长约120米，宽约78米，高出地表1～4米，总面积约9200平方米。地表散见汉代陶片、汉砖等。

古墩子汉墓

古墩子汉墓

古墩子汉墓位于前进镇虎墩村。现存两个相近但不相连的封土堆，平面均呈不规则长方形，其2号长约100米，宽约50米，高出地表约2米，总面积约8500平方米。地表散见汉砖。

代墩子汉墓

代墩子汉墓

代墩子汉墓位于前进镇虎墩村。现存封土堆被分割成两个不相连的土堆，分别呈不规则长方形和不规则梯形，高出地表约1～2米，总面积约4900平方米。当地农民在农业生产中曾挖出汉代砖室墓。地表散见汉砖以及汉代陶片。

张墩子汉墓

张墩子汉墓

张墩子汉墓位于前进镇双江村。现存封土堆平面呈不规则长方形，南北向，长约160米，宽约140米，高出地表2~3米，总面积约22000平方米。当地农民曾挖出汉砖，地表散见汉砖、陶片等。

蒲墩子汉墓

蒲墩子汉墓

蒲墩子汉墓位于前进镇虎墩村。现存封土堆呈不规则梯形，东西向，通往虎墩村的公路从封土堆上经过。封土堆长约135米，宽约70米，高出地表1~4米，总面积约7300平方米。农业生产和修建公路时，曾出土大量汉代花边砖和陶器等随葬物品。

开元寺汉墓

开元寺汉墓

开元寺汉墓位于冉义镇园林村,近处原有开元寺而得名。现存封土堆平面略呈三角形,底边长约 130 米,斜边长约 135 米,高出地表 1.5 米,总面积约 1160 平方米。地表散见汉砖。

毛墩子汉墓

毛墩子汉墓

毛墩子汉墓位于冉义镇白玉村。现存封土堆平面呈不规则长条形,西北—东南向,长约 115 米,宽约 35 米,高出地表 1~4 米,总面积约 3600 平方米。地表散落汉砖、陶片等。据调查,当地农民烧砖取土时曾挖出汉代砖室墓。

王墩子汉墓

王墩子汉墓

王墩子汉墓位于冉义镇白玉村。现存封土堆平面呈不规则五边形，最长边约40米，高出地表3～4米，总面积约2500平方米。当地曾发现汉代砖室墓多座。

苏墩子汉墓

苏墩子汉墓

苏墩子汉墓位于冉义镇延贡村。现存封土堆被分割成三个，呈"品"字形排列。1号、3号较小，平面呈多边形；2号最大，平面略呈L形。高出地表2～4米，两条边分别长约120米和140米。总面积约9500平方米。当地砖厂取土时曾发现多座汉代砖室墓。地表散见花边砖、陶片等。

大墩子汉墓

大墩子汉墓

大墩子汉墓位于冉义镇九龙村。现存封土堆平面略呈犁头形,高出地表4~5米。当地砖厂取土和农民修建鱼塘时曾挖出汉代砖室墓和随葬陶器等。

康坟园汉墓

康坟园汉墓

康坟园汉墓位于冉义镇延贡村。现存相邻的封土堆三个,呈三角形排列。其平面分别呈"丁"字形、不规则椭圆形和不规则长方形,高出地表2~3米。3号长约130米,宽约40米。三个封土堆总面积约10500平方米。局部断面可见汉代砖室墓墓壁。

曾坟园汉墓

曾坟园汉墓位于冉义镇九龙村。现存封土堆被分割成五个（1—5号），略呈菱形点式排列。上1号，从左下起，从左至右2—5号呈半弧形排列。其封土平面，除1号较大，呈不规则三角形外，其余2—5号均较小，呈椭圆多边形。高出地表2～5米，总面积约40000平方米。局部断面可见砖室墓壁。地表散见汉代花边砖、陶片。

曾坟园汉墓

磨盘墩汉墓

磨盘墩汉墓位于桑园镇童桥村（原属君平乡）。因该汉墓封土原为圆形，故有"磨盘墩"之称谓。现存封土堆已被从中分割成上下左右相邻的四块，平面分布如"器"字形或"田"字形。四块封土堆平面各异，呈不规则长条形或椭圆形，高出地表1～2米，总面积约11700平方米。当地曾发现汉墓，出土汉代花边砖和汉代陶器。

磨盘墩汉墓

游狮山汉墓

游狮山汉墓

游狮山汉墓位于桑园镇童桥村（原属君平乡）。现存封土堆平面略呈不规则椭圆形，最长约65米，高出地表2～6米，总面积约3000平方米。地表散见大量汉砖。

叶墩子汉墓

叶墩子汉墓

叶墩子汉墓位于桑园镇童桥村（原属君平乡）。现存相邻的封土堆两个，呈东南—西北排列。1号平面略呈不规则梯形，长约80米，高约70米。2号呈不规则三角形，高出地表约1～3米。总面积约7000平方米。当地曾发现汉代砖室墓，出土有汉代陶器等。

王洞山汉墓

王洞山汉墓

王洞山汉墓位于桑园镇太山村。封土堆分割为七点，呈南北向不规则条状分布。现存封土堆平面大多呈不规则椭圆形，高出地表约 2～5 米，总面积约 40000 平方米。经田野考古调查，七个点均为汉墓。

广东坟汉墓

广东坟汉墓

广东坟汉墓位于桑园镇太山村。现存封土堆被分割成东西紧邻的两个，平面分别呈不规则长条形和梯形。1 号长约 200 米，宽约 70 米。2 号长约 175 米，宽约 160 米，高出地表 4～5 米。总面积约 34000 平方米。断面可见汉代砖室墓墓壁。该汉墓以东 50 米即大邑县界。

胡林盘汉墓

胡林盘汉墓

胡林盘汉墓位于羊安镇汤营村,小地名胡林盘。现存封土堆平面呈不规则长方形,东西向,长约145米,宽约70米,高出地表1~3米,总面积约10000平方米。农业生产中曾挖出汉墓。

汤营汉墓

汤营汉墓

汤营汉墓位于羊安镇汤营村。现存封土堆呈相邻的三个,南北纵向分布。南、北两个较小,平面略呈三角形;中间一个较大,平面略呈长方形,长约75米,宽约42米,高出地表2~4米。总面积约4150平方米。农田建设中曾挖出汉代砖室墓。

马墩子汉墓

马墩子汉墓

马墩子汉墓位于羊安镇中心村,小地名马墩子。现存封土堆略呈菱形,为南北向,长约 90 米,宽约 75 米,高出地表 1 ~ 3 米,总面积约 6700 平方米。当地砖厂烧砖取土时曾挖出汉代砖室墓。

刘大坟园汉墓

刘大坟园汉墓

刘大坟园汉墓位于羊安镇汤营村。现存封土堆被分隔成三个,呈南北纵向排列。南、北两个较小,平面分别呈三角形和长方形;中间一个较大,平面呈梯形,长约 55 米,宽约 40 米,高出地表 1.5 ~ 2.5 米。总面积约 2800 平方米。地表散见汉砖、汉代陶片等。

高山墩汉墓

高山墩汉墓

高山墩汉墓位于羊安镇樊哙村（原属泉水乡）。现存封土堆平面呈不规则三角形，长约120米，高出地表1～2米，总面积约3700平方米。当地农田改造时曾发现汉墓。地表散落汉砖、汉代陶片等。

歇马殿汉墓

歇马殿汉墓

歇马殿汉墓位于羊安镇来龙村。因封土堆上原建有歇马殿寺庙而得名，庙已毁。现存封土堆平面呈"关刀"形，东西向，最长约150米，宽约100米，高出地表1～2.5米，总面积约12000平方米。出土有汉代花边砖、楔形墓砖等。

朱幺店汉墓

朱幺店汉墓位于羊安镇中心村,小地名朱幺店。封土堆呈东南—西北分布,散为四个,平面分布呈棱形。

朱幺店汉墓

1号平面呈长方形,高出地表约2米,面积约950平方米。2号平面呈菱形,高出地表约1米,面积约450平方米。3号平面呈不规则弧形,高出地表1.5米,面积约500平方米。4号最大,平面呈不规则长方形,长约40米,宽约32米,高出地表1~1.5米,面积约1200平方米。当地农业生产和砖厂取土时,曾挖出多座汉墓。地表散见汉砖、汉代陶片。

王山墩汉墓

王山墩汉墓位于羊安镇樊哙村(原属泉水乡)。现存封土堆平面呈不规则三角形,长边长约55米,高出地表1~1.5米,

王山墩汉墓

总面积约1500平方米。20世纪80年代砖厂在取土时曾出土"舂米"画像砖等。封土堆北侧尚存石牛一对,为汉代镇墓兽。

樊哙坟汉墓

樊哙坟汉墓位于羊安镇樊哙村（原属泉水乡），当地人称为"樊哙坟"，现存基本相连的封土堆两个，其西面基本连成

樊哙坟汉墓

一条直线。1号平面呈不规则三角形，长约55米，高出地表1～1.5米，面积约900平方米。2号平面呈不规则长方形，东西向，长约53米，宽约22米，高出地表约2米，面积约1200平方米。1997年砖厂取土时曾挖出多座汉墓。文物管理部门曾进行抢救性清理发掘。

古坟园汉墓

古坟园汉墓位于羊安镇樊哙村。现存封土堆呈紧邻的两个，东北—西南走向。1号平面呈不规则三角形，长约90

古坟园汉墓

米，高出地表1～2米，面积约3000平方米。2号平面呈不规则椭圆形，长约60米，高出地表约1.5米，面积约1600平方米。地表散见汉砖。

土墩子汉墓

土墩子汉墓

土墩子汉墓位于高埂镇中安村，俗称土墩子，共分散成三个。封土高出地表1~3米，总面积约12000平方米。田野调查发现汉砖，当地农业生产和烧砖取土时，曾挖出汉砖和汉墓随葬器物。

"皇坟"汉墓

"皇坟"汉墓

"皇坟"汉墓位于羊安镇永安社区（原属泉水乡）。现存封土堆平面呈不规则长方形，长约65米，宽约45米，高出地表3~5米，总面积约2100平方米。1997年当地砖厂取土和农田改造时曾挖出多座汉代砖室墓。文物管理部门曾进行抢救性清理发掘。

崖 墓

崖墓，俗称"蛮洞子"，是汉代的一种凿山为室的墓葬形式。无论是平面布置，还是立面格局，以及墓室的内部细节，都仿照尘世的住宅，如重室墓分前后室，象征人间住宅的前堂与后室。崖墓分布于四川、湖南、江西、贵州等地，以四川地区最多，流行于岷江流域。崖墓盛行于公元2世纪，蜀汉时已趋衰落，至南北朝时则成尾声。

金钵村崖墓（汉）

金钵村崖墓位于平乐镇洗马社区（原属下坝乡金钵村）。崖墓位于村西约120米的山岩壁上，俗称"蛮洞子"。早年已遭破坏，墓室保存基本完好。长方形墓门，双层门套，门高2米，宽1.8米。墓道、墓室均平顶直桶形。墓道长3.9米，宽1.4米，高1.8米。墓室宽2.6米，高2.2米，深12米，左右各有棺台一个，后壁有壁龛一个。墓道外右壁阴刻隶书纪年"熹平四年□月廿四日"。熹平为东汉末汉灵帝刘宏年号，熹平四年，即公元175年。此纪年题刻，为这一带汉代崖墓的断代提供了准确的文字、实物依据。金钵村崖墓对汉代邛崃汉民族与西南少数民族的文化、经济与葬制的研究都提供了珍贵的史料。

张岩崖墓群（汉）

张岩崖墓群（汉）

张岩崖墓群位于临邛镇元兴村，呈南北向分布在小地名叫张岩的长约200米的岩壁上，目前暴露三座。崖墓坐西向东，方形墓门，墓室平面呈长方形。墓1、墓2有耳室。墓室早年已被盗空。

香岩寺崖墓群（汉）

香岩寺崖墓群（汉）

香岩寺崖墓群位于夹关镇鱼坝村，小地名香岩寺的山岩上。北距白沫江约60米，呈南北向排列，分布在鱼坝村公路右侧的香岩寺北坡长67米、高14米的岩壁上。修建公路时部分遭破坏，目前暴露七座。方形墓门，墓室平面呈长方形。墓室早年已被盗空。

孔明观音洞崖墓（汉）

孔明观音洞崖墓（汉）

孔明观音洞崖墓位于孔明乡青枫墩，崖墓两座，并列于村北山岩壁上。坐西向东，长方形平顶墓，方形墓门，双层门套，高1.8米，宽1.8米。墓道长1.6米，宽2米，高2.4米。墓室宽2米，高2.4米，深4.5米。墓室左右壁有壁龛。早年已被破坏。墓室保存尚好。两墓墓门之间相隔1.8米。在两墓门洞之间的岩石上，后人刻有观音造像一尊（大部分已毁损），故而该处俗称为观音洞。

观音洞崖墓墓门

元兴村崖墓（汉）

元兴村崖墓（汉）

元兴村崖墓位于临邛镇元兴村岩壁上，坐西向东。目前暴露两座，方形墓门，墓室平面呈长方形，墓1有耳室，墓室壁有修整。早年被盗空。

小岩子崖墓群（汉）

小岩子崖墓群（汉）

小岩子崖墓群位于茶园乡张坝村。崖墓十七座集中分布在宽150米，高5米的岩壁上。早年已被盗，墓室基本保存完好。当代曾因修建公路而有少数遭到破坏。崖墓群坐北向南，南临公路。单室平顶长方形墓。墓1墓门高1.8米，宽1.6米，墓道长1.5米，墓室宽2.3米，高2米，深4.2米。小岩子崖墓群是邛崃境内崖墓分布的最西北点。

任湾崖墓（汉）

任湾崖墓（汉）

任湾崖墓位于平乐镇金河村，分布在任湾小溪两侧的山岩上。目前暴露两座。依山开凿，方形墓门，墓室平面呈长方形。圆弧顶、弧壁、平底。早年已被盗空。

徐塲崖墓（汉）

徐塲崖墓（汉）

徐塲崖墓位于平乐镇金河社区，分布在徐塲长 300 米，高 5 米的山岩上，南距白沫江 300 米。目前暴露两座。依山开凿，方形洞门，墓室平面呈长方形，弧顶，弧壁内收，平底。墓室残长 6 米，宽 1.5 米，高 2 米。早年已被盗空。

蛮洞子崖墓（汉）

蛮洞子崖墓（汉）

蛮洞子崖墓位于油榨乡新桥村西侧岩壁上，小地名蛮洞子（因误传为古代少数民族穴居之所，故称蛮洞子）。东临邛（崃）—高（何）公路，路东坎下即为文井江，目前暴露七座。方形墓门洞，墓室平面呈长方形，部分有耳室。其中墓6平面呈梯形，左右有耳室。墓室横剖面也呈梯形，上窄下宽。墓室长6.88米，上宽1.8米，下宽2米。左耳室长2.05米，宽1.35米。右耳室长2.1米，宽1.35米。早年已被盗空。

蛮洞子崖墓墓门洞

梁山村崖墓（汉）

梁山村崖墓（汉）

梁山村崖墓位于水口镇梁山村，文井江东北岸长约500米的岩壁上，目前暴露六座。方形墓洞，墓室平面呈长方形，平顶。早年已被盗空。修建乡村公路时遭到不同程度破坏。

酒坊头崖墓（汉）

酒坊头崖墓（汉）

酒坊头崖墓位于水口镇白象村的山岩壁上，岩下为村道，前（南）临文井江。略呈东西横向上下错落排列，分布面积约1800平方米。已暴露六座。方形墓门，墓室平面为长方形，平顶或弧顶。单室为主，部分有耳室。早年已被盗空。

仙人洞崖墓群（汉）

仙人洞崖墓群（局部）

仙人洞崖墓群（汉）

　　仙人洞崖墓群位于临邛镇鹤鸣社区（原白鹤乡），从白鹤山至松安桥一带，沿小南河（文井江）北岸岩壁多有汉代崖墓分布。葫芦湾小南河西岸一带岩壁上亦有零星分布，主要集中在白鹤山仙人洞至烂船溪一带。旧时因有崖墓一座暴露在外（崖墓为前甬道，后双室，后室中有石床、石灶）而被人称为仙人洞，小地名亦由此而来。仙人洞崖墓群东西长约500米，现在暴露十一座。所暴露崖墓墓门洞口多为双层方形、平顶，大多有甬道。墓室平顶，平面呈长方形，部分有耳室或双耳室（一墓三室）。在岩壁上凿就，多留有钻凿痕迹。大多早年已被盗空。少数崖墓在1996—2000年曾出土少量陶俑、陶耳杯及陶器残片等。

附录一：邛崃羊安汉墓群考古发掘一期工作简报（摘）

为配合邛崃市羊安镇工业园区的建设工作，成都市文物考古研究所、邛崃市文物管理局对羊安汉墓群部分封土包进行了发掘。发掘前对此处进行了详细的调查，发现保存较好的汉墓封土墩有40多个，为一处较大规模的汉墓群。此次我们选取了分布于即将建厂区域的几个汉墓包进行发掘，现在已发掘6个点，分别为9、26、29、30、32、40号点，发掘时间从2009年5月28日开始，目前实际发掘面积已超过10000平方米，取得了重大收获。发现墓葬73座，已清理46座，另有窑址2座。现将发掘情况汇报如下。

这批墓葬以汉墓为主，共58座，形制有砖室墓和土坑墓两种。其中土坑墓27座，平面呈长方形和凸字形两种，时代为西汉中晚期。修墓前先夯筑一个高于当时地面的平台，平台平面一般呈矩形，夯土非常紧密，如9号点土坑墓平台上留有大量的夯窝，然后在平台上下挖墓圹。墓葬的修建方式有两种：一种是挖一墓圹，墓壁上抹青膏泥，紧贴墓壁放入木椁，墓壁上往往会留有木椁腐朽痕迹，一般为小型墓；一种是挖好墓圹之后，在其中间建造木椁，木椁六面抹上青膏泥，然后在木椁和墓壁中间的空隙

羊安汉墓群发掘现场

发掘出土的铜车马器件

填以夯土,一般规模较大。墓壁、墓底均经过处理,大部分较为平整,但部分墓壁建造随意,如26号点的墓3、墓5墓壁较斜,用大石夯过,留有夯打痕迹,且在墓葬附近发现用来夯打的大石。墓底往往挖有沟槽,内填鹅卵石,主要是保持墓葬渗水,似起阴井的作用。沟槽和外面的排水沟相通。葬具有棺椁两种。有些土坑墓部分用砖,如26号点墓3,用砖封门,墓室内用砖相隔且留通道,时代大致为东汉初期,体现了土坑墓向砖室墓的过渡。

汉代砖室墓有31座,形制复杂、规模大,有单室墓和多室墓两种。单室墓平面有长方形和

发掘出土的陶俑头残件

发掘出土的器物

凸字形两种。多室墓多是前后室或者前中后室,仅9号点的墓10有侧室。此墓修建非常讲究,有前、中、后、侧四室。为防止墙基下陷,基础用红砂石铺筑,墓中室用红砂石铺底。封门有三道,最里面为石门,石门内有一对浮雕神兽,门柱上也有装饰。石门外为一道砖墙,砖墙外又用石板封住。墓内装饰华丽,前室和中室两侧原镶有十多块画像砖,惜已被盗,扰土内残留有两块西王母画像砖。其他部位多厝双凤阙、单凤、钱纹、几何纹等图案装饰。另外这批墓葬发现多块纪年砖,有永平、永元等年号,根据年号砖和相关器物,可大致将9号点的砖室墓时代确定在公元40年至公元120年之间。32号点墓3的形制较为特殊,为同穴异室墓,左右室的建造相对独立,中间还有一道夹墙,在墓室近封门的位置有一孔将两墓室相连,反映了两墓主的特殊关系。此墓出莽钱,时代为王莽时期或稍后,发掘者倾向于这是一座夫妻合葬墓。此型墓在整个四川地区是非常少见的。墓砖纹饰丰富,这批墓葬时代偏早,以几何纹为主,还有凤纹、钱纹、连璧纹等,最重要的是发现有"蜀郡"的铭文砖:样式较多,有长方形、楔形、扇形、榫卯砖等。墓砖的变化也体现了墓葬建筑方式的演进,特别是在券顶的建造上。使用扇形砖的墓葬时代相对较早,其券顶有两种建造方式:一是利用砖两端大小不同,侧立起券,砖与砖之间为竖直(对)

缝；二是仍侧立起券，但是砖与砖之间错缝搭接。使用楔形砖的墓葬年代较晚，利用砖两端大小不一，平铺起券，且砖与砖之间错缝搭接，此种墓顶更为结实。砖室墓的葬具有陶棺和木棺两种，有些木棺上覆盖有似皮质物，上面残留有漆皮，如9号点的墓2、墓9、墓10等。这是一个新发现，以前汉墓资料未有这方面的介绍。

　　墓葬虽多已被盗，但仍出土了大量器物。土坑墓以陶器最多，器形有罐、瓮、盆、耳杯、盘、井、房等，有些陶器上饰彩；另有铜钱、铜车马器件、玉簪、铁器等。墓15出土的三件铜人席镇是众多文物中的精品，造型优美，神态传神，是为不可多得的文物精品。多个墓葬还出土了白色金属丸，是否与古代道教炼丹有关，尚有待进一步研究考证。汉代砖室墓出土器物以陶俑最多，这批陶俑器形较小，一般在10～20厘米左右，体现了早期的形态特征。模制器也较多，有摇钱树座、车马、井、房、鸡、鸭、狗等。晚期墓出土有四系罐、碗、盘、谷仓罐、盏等，其他还有铜簪、玉镯等。

　　无论是土坑墓还是砖室墓，墓地都有一个大体的规划，经过长时间的扩展才形成一个个较大的封土包。墓地保存较好，持续时间较长，不仅有土坑墓，而且有砖室墓，墓葬之间排列非常有规律。墓室与墓室之间并无破坏关系，可见这是一个有规划的墓地。而且这批墓葬有纪年，对于研究西汉晚期土坑墓向砖室墓的转变和早期砖室墓自身形制演变有重要作用。

　　这批墓葬的发掘对研究汉代邛崃乃至成都的历史文化有重要价值。该墓群有几十个这样大的墓地，如此大规模的墓群必有大规模的居民区相对应，秦汉时期处于农业社会，居民活动范围一般不会太远，所以这个墓群不远处肯定有一个规模较大、繁荣、稳定的秦汉聚落。距羊安汉墓不远的牟礼镇，史载为秦朝的蒲阳县治，与临邛县并置。至梁大同三年，武陵王萧纪令设邛州，邛州、依政县均治今永丰场。可见此处自秦代以来就是重要的聚居地，此处羊安汉墓群似应为"蒲阳县民"所遗留。该墓群生动复原了汉代丧葬文化和某些社会现象。

　　如此规模的汉墓群在四川地区是非常少见的，经过两千年左右的岁月腐蚀，幸存下来的这些汉墓封土包是邛崃宝贵的物质文化财产。

成都市文物考古研究所　邛崃市文物管理局
2009年8月17日

附录二：邛崃出土汉画像砖艺术浅析

临邛自秦汉以来，即是西蜀名区，保留下大量的汉代砖室墓和崖墓群，出土了汉代陶俑、画像砖等珍贵文物。现试析邛崃出土汉代画像砖的艺术特色如下。

1985年秋，民工在邛崃县羊安镇15大队道林寺施工时，挖出一批汉砖。原羊安镇镇长顾志军在检查工作时发现，立即予以保护，并派人将其中一块画像砖送回镇政府保存起来。1986年秋，全县文物普查时，顾志军同志向文物普查队介绍了发现汉代画像砖的经过。同年9月，文物普查队在牟礼镇东北约1公里处又发现一块汉代画像砖。其后，1995年又在牟礼镇清河村某机砖厂工地发现汉墓，经抢救性清理，出土画像砖4块。这几块汉代画像砖现藏于邛崃市文物管理所。

"单阙"画像砖（48厘米×38厘米×6厘米）（牟礼出土）

阙为重檐式单阙，由阙身、楼部和屋顶三部分构成。阙身似用石料砌筑而成，上小下大，呈梯形，无纹饰。阙身高宽比约为3∶2，显得敦实稳重。阙身上部与楼部相接处刻栌斗和纵横枋，其上斜向上挑出支条。栏额之上刻一斗二升斗拱三朵。第一层檐部两端挑出阙身甚远，檐口平直，两端似有翘角装饰。檐上覆以瓦沟。第二层楼底部刻斗拱和纵横枋，斜向上挑出上段支条。额枋上刻栌斗三朵，上覆以庑殿式屋顶。檐口平直，两端挑出第二层楼部甚远（略短，小于第一层屋檐）。正脊和戗脊两端微上翘。檐上覆以瓦沟。体现了东汉时期建筑中砖、瓦、木、石并用的特点和建筑上采用斗拱的成熟。

阙身与宽檐以及楼部向外挑出的斜面，构成有节奏的挑出和收进，使阙的外观既稳定又富于变化。

"单阙"画像砖构图：以重檐式单阙一座独立于画面正中，上下顶天立地，左右檐角伸展，作十字形构图。四周配以厚重的边框线条。边框线条上下（横向）稍细，左右（纵向）宽厚，与阙身直立向上之感相呼应，使整个画面构图凝重、饱满、古朴、端庄。其画面善于运用点、线、面的调度，诸如边框和阙身的大面积黑色，阙四周留出大面积有变化的空白，以及楼部和屋顶檐部疏密长短变化的线条所构成的灰色，有效地构成画面黑白灰的生动关系，使画像砖富于艺术魅力。

"舂米图"画像砖（35厘米×32厘米×5厘米）（略残。羊安出土）

表现一粮食加工作坊内舂米的情形。画面上二分之一为一木构建筑，采用南方常见的房屋下部架空的干栏式构造。房屋的下部以四根（图中可见三根）粗大的木柱支托楼部。楼部为单檐悬山式，抬梁结构，瓦屋面建筑。正面墙下段由纵横枋分隔成三个方窗，上段为两扇卧式菱形花格窗。左面山墙上开一门，门两侧各竖一立枋。门左侧有直棂栏杆，一木梯向左下方达于楼下。楼门口有一人，挽髻短衣，双手捧一胆瓶器，两腿下蹲作登楼入室状。此房屋当是作坊内一座下部空阔、通风防潮的粮仓。

画面右上角以墙垣构成一座院落，有一装有栅栏的小门。院中另以卧棂式栅栏同主建筑分隔开。小院中有公鸡一只，昂首翘尾，引颈长鸣，栩栩如生。

画像砖下部为全图中心部分，突出描绘三个男性劳动者舂米的情形及其劳作环境。人物头顶挽髻，上身着右衽短衣，窄袖。下身着宽脚褊短裤，长仅及膝。右下角为两架脚碓。杵杆前粗后细，靠近前端上部附加了一个T形重锤，起加力作用。石臼嵌于地面，臼面呈方形，臼窝为圆形。有二人面对画面左侧，并排各踏一脚碓。前一踏碓人昂首躬身撅臀，双手握住扶栏，左腿伸直，右腿屈膝，脚跟跷起，脚尖踏在杵杆尾部，杵头已落下。杵杆尾部地面可见一地沟，以便踩踏杵杆。后一踏碓人昂首，上身前倾双手握住扶栏，左腿后伸，右腿向前屈膝成弓箭步，双腿踩压在杵杆上，杵头高高翘起。碓臼前方立一人，面向画面右侧，两腿分开微屈，双手持一物翻动后面臼窝中的粮食。人物神态逼真，极富生活情趣。

画面左下角有一不明用途器物（画像砖残缺部分）。前面碓臼旁放有一小堆粮食。右下角有一桶形小圆口容器。位于干栏式房屋底层的空架中间置一三脚架，架上有一大口漏斗状锥形器，应为漏装粮食的工具。

"舂米图"画像砖构图丰满，四周无边框，以满构图的形式，使画面充满外张力。同时，充分利用建筑的形式，造成画面开合有致的效果。重心以左上角的建筑对应右下角的人物，建筑立柱的粗壮、静止与人物轻盈、灵活的动态曲线形成鲜明的对比。人物刻画以面为主，以线为辅，细部刻画少。成功地运用动态之美，生动传情，突出主题。体现了汉画像砖的浑朴风格。

"舂米图"画像砖（35厘米×32厘米×5厘米）（略残，羊安出土）

"庭院"画像砖（46厘米×41厘米×6厘米）（修复。牟礼镇清河村汉墓出土）

表现汉代居家庭院景象。左、右、下三面均为垣墙。下面垣墙为庭院正面，呈一字排开，上覆瓦沟，瓦上做脊，脊两端高高上翘。檐口平直。墙上分三段立柱。柱上、檐下施普柏枋，枋上似有栌斗。墙左下为院门，有门楣、门柱及栅栏式门扇。院内用"十"字形建筑布局，将庭院分隔成大小不等的四个天井。从左下的院门进入院内，由一横向门厅与前垣墙构成一个小天井，两只雄鸡张爪翘尾斗得很是激烈。穿过门厅，进入中庭。中庭后有建筑一幢，位于画像砖左上，占据左上主要位置。建筑为单檐悬

"庭院"画像砖拓片

山式敞轩。三间四柱。抬梁式穿斗结构。檐口平直,出檐甚远。屋面施瓦,上有平脊。该建筑建在一平台之上,当心间有垂带式踏道一条。轩中二人席地对饮,一倚一正,生动自然。庭中天井里,一双仙鹤相对而立,翩翩起舞。特别是右侧一只,更是高振双翅,一脚踏地,一脚抬起,张口戾啸,其状写实、生动。画面中间有一道纵隔墙,上端在画面横二分之一处与左上方的敞轩之山墙连接,然后略向左下方斜向贯穿,在右下三分之一处(院门近处)与正面院墙连接。墙上覆瓦沟,以五柱分隔成四段。上第二段中间开门。此纵向隔墙把院子又分隔成左右两个部分。从隔墙中门与右院相通。院中建一高大塔楼,塔楼位于画面右上方。塔楼似为砖木结构,以粗大木柱为框架,构成塔楼下部之梯形塔身。其上有栏,栏上再用纵横枋建成楼,四面有窗。其上又置栏和斗拱、栌斗。此上四角四条斜枋向上挑出,以斜枋和斗拱共同支撑宽大的歇山式屋顶。屋顶檐口平直,挑出甚远,屋面覆瓦沟。塔楼下部有门,可见通向上面的楼梯。塔楼左边院中有一妇人,侧身向左,身微躬,手持一物。妇人脚下卧一犬,头向左,对着隔墙小门,似从门洞中看着左院（中庭）两只起舞的仙鹤，早已习惯，不再狂吠。

右院下三分之一处，又有一道横隔墙，将塔楼内院与厨房小院分隔开来。厨房小天井位于画面右下方。小院左边有井，井上有"井"字形井栏。右边为灶台。中国汉字之"井"字，即为形象之井栏。整个画面采用方形封闭式满构图。左、右、下三面皆为平直线垣墙，上部以敞轩建筑之屋脊平直线，后垣墙（略显一角）平直线，从左上一直延伸到画面右边，几近三分之二处。画面右上方，塔楼屋面的三角形冲出这条由屋脊、垣墙构成的横平直线，巧妙地出穴，透出一口气，打破了四边方正线条所造成的呆板。画面中心（院内）隔墙呈"十"字形，但是这道纵线中隔墙是从右上略向左下斜向贯穿画面，而左、右院中两道横隔墙却是既相连而又有错落，且位置在画面下方三分之一处。这样一来，这个"十"字形隔墙不仅没有破坏画面，反而调节了整个画面的重心和虚实，把整个院落分隔成四个形状不同、大小不等的天井（小院落）。左上天井最大，右上次之，左下又次之，右下最小。左上天井中留出大块空白，辅以两只活泼的仙鹤，而敞轩的大块空白中，又点缀两个体积很小的人物，使之成为画面的中心。右上天井中，高耸的塔楼占据了大半画面，仅在塔楼左侧和院子纵隔墙之间留出一个狭长的纵向空间，其间又布置一人一犬，使之丰满。左下院门内的小天井虽留出空白，但又有斗鸡。唯有右下天井空间最小。又有井、有灶及若干纵横栏线，使之显得十分紧密。如此使得整个画面布局上部疏朗，下部紧凑，疏密得当。画面中频繁使用长横线（垣墙、台阶、房屋建筑、檐口、屋脊等）、短横线（建筑横穿枋、垣墙瓦沟等）和竖直线（垣墙、门柱、建筑立柱等），这些横直线和竖直线中有着长短、粗细、倚正的变化。敞轩山墙屋顶两根粗斜线、塔楼屋面两根粗斜线以及塔楼下部三根粗大的略斜的竖直线，塔楼斗拱、窗棂的短斜线，连同院内的那条纵隔墙所形成的斜线，使画面中大量平直的线条活泼起来，充满变化的魅力。

"凤阙"画像砖（46厘米×41厘米）（略残，修复。牟礼镇清河村汉墓出土）

画面为汉代常见的子母双阙，阙门洞开。门顶屋脊上站立凤鸟一只，故名。

阙为重檐式子母双阙（母阙两重檐，子阙为单檐）。母阙形制与单阙同。由阙身、楼部和屋顶三部分构成。阙身下大上小呈梯形，略占阙总高的五

"凤阙"画像砖拓片

分之三。其上斜向上挑出支条和纵横枋。5根短立柱支撑第一层宽大的楼檐,出檐甚远。正脊上又施栌斗和纵横枋,向上斜挑出第二层楼面,其上覆屋面。两重屋面皆覆以瓦沟,正脊平正,檐口平直,檐口两端有上翘装饰。两阙身之间留有门洞,上部以门楣、丈面枋、栌斗支托屋面,屋面与两侧母阙第一层楼檐相连通。门洞上屋檐中间站立凤鸟一只,侧向右方,仰首,屈颈,振翅,凤尾呈S形向上卷起,凤首有凤冠,两足微弯。子阙位于母阙外,其高度(屋脊)与阙身上口平齐,形制与单阙无异,只是单檐纵向之一半而已。

"凤阙"画像砖构图简练。以阙身整体大块面同阙楼疏朗短线(短直线、横线、斜线)构成面与线、实与虚、轻与重的强烈对比。为协调下部过重的问题,又利用大门敞开的门洞在画面中下部留出一块矩形空白,旁边又辅以阙门门边线条使之过渡,左右子阙又削弱了两侧的强烈对比,使之调和。双阙从母阙造型到画面整体造型均为上小下大(上收下展),略呈金字塔形构图,使画面稳定笃实。而楼部(含屋面)造型的灵活和外轮廓的收进与挑出,即放——收——再收——放(大展)——又收——左右展开——收——渐展,产生一种跳跃式节奏变化之美,韵味十足。由于画面无边框,让人产生一种汉代双阙顶天立地、左右拓展的无穷空间感。

"宴乐"画像砖(46厘米×42厘米)(粘合修复。牟礼镇清河村汉墓出土)

这是一幅民俗风情的宴饮舞乐画。画面上共有六个人物分为上、下两排。上一排四人皆席地而坐。左起第二人为琴师,头戴冠巾,身着宽袖长袍,跽坐于席,身体微向右倾,腿膝上斜放一张七弦琴。左臂屈肘,右臂向右下直伸于琴上,作抚琴状。右起第一人当是主人,同样跽坐于席上,身体和头均略侧向画面左侧,注视琴师。主人头戴冠巾,身着宽袖左衽长袍,下着长裙。领、袖、裙边似有花边装饰。双手自然放于腿上,神态端庄安详,似倾心于琴音。画面上排左起第一人似为乐队伴奏,向右侧身跪于琴师旁,左手屈肘向上,手中似拿一物(疑为铃、节一类乐器),右手自然下垂于腿间。右二人(位于琴师和主人之间)坐于稍后,面向正前方,稳重安详。画面下一排两人分左右站立。左一人头戴冠,身着宽袖短衫,下着长裙,脚穿靴子,侧身躬腰向右。右下有一扁圆鼓。其人左手执一棍屈肘向上,作欲向下敲鼓状。右手伸向前下方,五指张开作比划状,口大张。似正在随着琴声吟唱。右侧一人当为舞者。头戴冠巾,身着长袍,长裙曳地。袖头窄而长。舞者身体侧向右,上身略扭转向左,头部侧向左注视击鼓吟唱者,左手屈臂上举,窄袖搭于肩后,右手向左下伸直,窄袖自然下垂(其长袖如戏剧中人之水袖),腰微弯,臀微撅,膝微屈,体态呈S型,婀娜妩媚。下排二伶人间还摆放有汉代鼎食器物。

其人物造型生动,相互顾盼、呼应。下排伶人为主要人物,故周围多空白,以使之突出。上排琴师与主人为主要人物,故比例稍大,而其他两个人物稍小,大小对比,使之突出。上排四个人物再加上席坐之席而密,又相对为静。下排仅两个人物,加上一鼓二食器而疏,又相对为动。上排左二人相对为动,右二人为静;下排左者小动,右者大动,器物不动。使整个画面动中有静,静中有动,动静相生。画面中大量使用流畅柔和的圆

"宴乐"画像砖拓片

曲线来勾勒头巾、衣纹,与大块面的头部、衣、裙、琴、鼓、器相交融,使画面更加灵动,更加丰富,与画面主题紧紧相扣,给人一种舞台场景式的生动活泼的艺术感染力。

"临邛自古称繁庶"。古临邛始筑城于公元前311年,"秦始皇徙上郡实之",早在西汉时期就以生产盐铁闻名遐迩。铁器的使用,进一步促进了农业生产的发展。到了东汉时期,豪绅巨富在政治和经济实力上都盛过西汉时期,形成一些相对独立的富豪庄园。这几块画像砖,特别是"舂米"图、"庭院"图,像一幅幅风情画,展现了东汉时期临邛地区农业生产、粮食加工作坊的某个方面,生动地再现了当时简单的生产工具、生产生活方式和生活环境,为我们今天研究邛崃在东汉时期的社会、经济、生产、生活,乃至音乐、舞蹈、服饰以及民居庭院建筑格局,提供了珍贵的实物资料,具有较高的艺术价值和研究价值。

胡立嘉(执笔) 植秀萍 曹玉彬
(原载《成都文物》1994年)

附录三：邛崃 2014 年新出土汉画像砖简介

2014年春，为配合成蒲高铁建设，成都市文物考古工作队会同邛崃市文物管理局，在邛崃境内开展了高铁沿线考古调查。

4月，对桑园镇大林村5组（原属君平乡）的刘、关、张墩子汉墓群进行抢救性清理发掘。除刘墩子早年已毁于农田建设外，关墩子、张墩子都在此次清理发掘范围。

4月14—24日，在张墩子东汉砖室墓中清理出土一批画像砖。完好、比较完好和经整理后基本可以修复的共15块。这批画像砖中除了常见的"双（凤）阙""车马出行""辎车过桥""斧车""车骑"外，"弋射·收获""杂戏""六骑乐伎""西王母"以及"单阙门亭长"画像砖在邛崃境内尚属首次发现。

现分别介绍于后：

1."车骑"（48厘米×40厘米×5.5厘米）模制，右上角略残。

2."车骑"（46厘米×41厘米×6厘米）模制，残，4块拼复，有残损。其画面构成与1完全相同。

3."车骑"（45.5厘米×41厘米×6厘米）模制，完好。

4."车骑"（45.5厘米×40厘米×6厘米）模制，其画面构成与1、2、3完全相同，制作更精良，画面完整清晰。

5."辎车过桥"（46厘米×40厘米×5.5厘米）模制，完好。

6."斧车出行"（46厘米×40厘米×6厘米）模制，完好。

7."斧车出行"（45.5厘米×41厘米×6厘米）模制，右下角略残，画面与6相同。

8."双（凤）阙"（47厘米×41厘米×6.5厘米）模制，残，5块拼复，略有残损。

9."双（凤）阙"（47厘米×41厘米×6厘米）模制，残，3块拼复，有残损。其画面与8完全相同。以上画像砖介绍略。

现将邛崃首次发掘出土的"单阙门亭长""弋射·收获""六骑乐伎""杂戏"和"西王母"等六块画像砖分别介绍于后。

"单阙门亭长"（46厘米×41厘米×6厘米）模制，其画面完好。

画面中心为一重檐式单阙，由阙身、楼部和阙顶屋面构成。阙身稍

新出土汉画像砖之"单阙门亭长"拓片

显瘦高,下大上收成梯柱状,素面无纹饰。阙身上口刻纵横枋,其上斜向上挑出楼部支条。栏额枋上刻一斗二升斗拱三朵。第一层阙檐宽大,向左右挑出,屋面斜平且薄,刻瓦垄,刻正脊和戗脊,檐口平直,两端檐角有翘角装饰。脊以上出上层阙身。底部刻纵横枋,其上斜向上挑出楼部支条,额枋上刻栌斗3朵。其上覆庑殿式屋顶。屋面向左右平展挑出,比较单薄。刻瓦垄线条。正脊短,戗脊斜平。檐口平直,两端有翘角装饰。整个阙的造型下部稳实,上部轻灵。

  阙下有两个门亭长分立于阙身两侧,左右躬身相向。左侧人物较矮小,上身向右前倾,弯腰撅臀,屈腿,双手袖抱于前胸,左手持节,节上有饰物。头戴帽,帽顶有装饰,有帽饰垂于脑后。五官清晰,着左衽交领衣,宽袍大袖,束腰带。

  右侧人物体形高大(帽檐与下层阙檐相接),略躬身向左前倾。双手捧一横长条形囊状物于胸前。头戴帽,帽顶有装饰,帽饰垂于后。五官清晰,唇上有髭须左右上翘。身着左衽交衣领,宽袖,长袍拖地。

  画面上部,位于上层阙楼左右檐下,各有一小童。左童侧身向左,仰头、直身屈腿呈坐姿。双手屈肘向上举,状若玩秋千。右童侧身向右,头向右前方。上身直立，左臂屈肘向头上方侧举。右臂前伸，手持一小鸟。鸟头向右上，两翅张开作扑腾状。右童左腿后伸，右腿屈膝前跨成弓箭步。整个身形动态如同击剑。

上层阙楼楼身左右外侧用线条装饰星月图案。右上刻交叉菱形纹星斗图，标点出九星。左侧则在檐角外上方空白处刻一小块下弦月。残月圆弧线在上，小半牙角线向下。这弯残月的体量较小，极易被人忽视。邛崃出土的这块画像砖上的下弦月非常清晰。虽然此类"单阙门亭长"画像砖（拓片）上有的未见这弯残月，但笔者经与四川省博物馆所藏民国时期征集的这类"单阙"画像砖实物照片和拓片相比对，发现省博藏品与邛崃新出土画像砖极其相似，其右上角亦有一弯小小的下弦月清晰可辨。其位置、大小、形态完全一致。所以，笔者大胆推断：那些没有下弦月的同类"单阙门亭长"画像砖，若不是制作时模具已不清晰，或制作时模糊不清，就是被后人误作窑疵而未予重视，以致在拓片时也将其忽略了。无论从星、月的含义或画面的构成来讲，左角上的这弯下弦残月都不会是偶然为之。

该画像砖为模制，不同于其他模具生产之处在于，这块画像砖分成上下两部分，即从阙身上口纵横枋位置，横向均分成上、下两部分，采用两道合范制成，范线十分清楚。同时出土的这两块"单阙门亭长"画像砖都是上下两道合范，而且是出自同一套模具。

画像砖四边有边框，左宽，上、下窄，右边框更窄于上下边框，应当是套模印制泥坯时移位所致。

"弋射·收获"（45.5厘米×41厘米×6厘米）模制，右下角断裂成两块，拼复，

新出土汉画像砖之"弋射·收获"拓片

局部有残缺。与1987年10月新津县铁溪出土的画像砖画面完全相同，故仍据此定名为"弋射·收获"。

这块画像砖是成都地区少有的一砖二图形式。画面从下三分之一处以栏线横分成上下两部分，上下内容各一图，而四周无边框。

画像砖上三分之二为弋射场景：画面为池沼水边，右下水中有大鱼三条往右游动，头尖圆，圆眼，有腮，体肥长，背上有鳍，尾鳍长而分叉。沼中有莲叶、莲花、莲蓬数茎。六只野鸭向右浮游水中。左下为坡岸。岸上并刻弋射者二人。左者向左跽坐，上身向左侧伏，面朝上。头顶挽髻，身着交领衣，紧袖口，束腰带。左手持弓直上举，右手屈肘扣弦拉弓如满月。左前地上置一带柄篮子，篮中置线团。右者朝左跽坐，转身向右，头略仰视，头顶挽髻。身着交领衫，半截袖，束腰带。左手持弓，手臂略向上平伸。右手屈肘扣弦，拉弓如满月。左下方地上置提篮一只，内置线团，一线团有线连于射者手中箭矢上。画面上部群鸟惊飞。鸟为圆头、圆眼、长喙、长颈的善飞之雁类水鸟，分向左、右上方飞去。二射者身后有小树两棵，枝桠疏简，造型生动。

下图为收获，实为收割。左四右二共六个人物在田间收割。六人皆头顶挽髻，上着交领衣，半截袖或窄袖，下着短裤或系围裙。左一人面向右直立荷担，担上似担收割之粮禾。左手屈肘向上扶肩上之扁担，右手提篮自然下垂，似送饭食和转运粮草。左中为三人躬身向右下，伸手作收割状。右二人为一组，立于画面右边。一人两腿分开立于田中，扭头向左下，双臂向身体左上高举，双手握长柄镰一类收割工具作收割状。最右边一人弯腰躬身，两腿分开立于田地中，扭头向左，双臂向身体左下平握长柄镰作挥舞状，镰高高向上。田禾虽寥寥数茎，其场景却疏密有致，完整生动。

"六骑乐伎"（46.5厘米×41厘米×5.5厘米）模制，残断，三块拼复，局部残缺。

新出土汉画像砖之"六骑乐伎"拓片

画面四周无边框。

画面由纵二列、横三排共六个骑马乐伎组成。六骑排列整齐，由左向右，边演奏边缓缓行进。马头均有缰绳、辔头、额饰，头下有流苏之类饰品。马尾均挽髻，基本成半弧形垂于后，尾端有绸带之类饰物。六骑均仰首健步，步调基本一致而步态优雅，各有不同。

六个乐伎皆头戴帽，着左衽交领衫，宽袍大袖。下面第一横排二骑乐伎面向右端坐于马背，手捧排箫吹奏。中间一横排二骑，左一乐伎骑马背，面向右，身躯略向右仰，双手持一竖管单管乐器，疑为竖笛或箫。右一乐伎骑马背，面向右，头和身躯向后仰，双手屈肘捧笙向上，仰面吹奏。上面第三横排二乐伎身躯均略向后仰，面向右。左一手持铎或节一类打击乐器，应为乐队指挥。右一为领队，左手持一鞭状物扛于肩上，右手持幢一类旗帜，长长的旌旒飘向后面。乐队雄壮整齐，充满优雅浪漫情调。

"杂戏"（46.5厘米×41厘米×6厘米）模制，右下角微残，四周无边框。

画面完整表现一组杂耍歌舞场景。大体可分为左三分之一和右三分之二两部分。

左上部为一组二人。左

新出土汉画像砖之"杂戏"拓片

一当为主人（观戏者），侧身向右跽坐于席上。头戴帽，帽后有飘带。着左衽交领衣，右手扶膝，左臂长袖覆于腿前。帝前置一食盒。其右后为一童，头挽高双髻，身着羽衣。羽翅在身侧后半展下垂，手持横笛吹奏。左下席上并排跽坐二人，皆头戴高帽，身着左衽交领衣，宽袖，束腰带，双手屈肘持排箫吹奏。

右上一组二人杂戏伎。左一为手技抛球。身形向左,上身向右扭转,头向右上仰视看球。头顶挽髻,有束带。裸上身,凸肚。双手屈肘向上高举过头顶。双手间头顶上方,有六枚抛起的圆球连成弧线。下着大裤脚长裤,束腰带。左脚提起向左跨,右腿弯曲后蹬。脚穿软靴,靴尖向上翘起。右二身形略向左前方,侧头向右上仰视,头顶挽髻,束发带。袒上身。左手屈肘向上,肘尖处顶一圆口束颈小罐。右手向外斜伸,手持一剑(有格,有剑首),剑身向上。剑锋前端不远处悬一圆球体,似欲将圆球体击起,抛入肘上罐子中。下着长裤,系于腰腹。屈伸右腿,踡屈右腿,作半蹲步状。脚上着软靴,靴尖上翘。

右下一组二人对舞。左一身体向右屈蹲,头微仰,直视前方舞者,头顶挽髻束带。圆睁双目,张口吟唱,神态夸张。裸上身,肩上有披巾,体态肥硕,凸胸腆肚。上身前倾,两臂左右张开。左手回腕,五指张开作舞蹈手势。右手持鼓锤,锤头向上。下着宽大长裤,双腿屈蹲,撅臀,脚上穿靴。前面地上置一扁鼓形器,似击鼓,且歌且舞,形态生动自然。右二舞者与之相对。身形向右而回头向左,与鼓者相呼应。头挽高双髻,似佩耳坠和项饰。上着交领宽袖衫,下着宽脚长裤,足穿屐履。左臂向体左前侧上举,手持绸带一根,绸带从头上往左飘飞。右手经腹前往身体左下,手持绸带一根,绸带经体前往左呈"S"形飘飞达于鼓者左臂下方。扭腰撅臀,右腿略弯,向前跨半步,左腿后弯向上勾起,脚尖点地。体态婀娜,舞姿曼妙。

整个画面大体可以分为左部分(上、下),为伴奏伎乐和主人,相对为静;右部分(上、下),为丰富的四人杂耍歌舞场景,人物造型十分生动,为动,动静相生。点、线、面的有机结合,又使画面虚实相生。画面空白处适当点缀方案两张,鼎食器两个(器中置勺),辅以席簟、道具,使画面生动、丰富、饱满,紧凑而不拥塞。不失为四川汉代画像砖中的经典之作。

"**西王母**"(46厘米×40.5厘米×5.5厘米)模制,左下角、右下角残断,三块拼复。

西王母,又称瑶池金母、西灵王母,后世全称上圣白玉龟台九灵太真无极圣母瑶池大圣西王金母无上元君统御群仙大天尊,为长生不老极阴之元。西王母是道教的上古神灵,也是中国本土神话中一位至高无上的女

新出土汉画像砖之"西王母"拓片

神。与东华帝君并称阴阳二仙。相关神话传说多种多样,这块构图丰满、繁复的画像砖,某种程度上集中表现了有关西王母的各种神话传说。

西王母居中正面端坐于瓶形龛中,龛顶有伞盖,盖上有交叉菱形纹。王母头戴方胜,五官端庄,线条清晰。身着交领衫,袖手跽坐于方座上。方座前面刻有"山"字(锯齿)纹。座两侧左虎右龙,故多有学者称之为"龙虎座"。龙头向画面左侧,龙头窄小,圆鼻,有须,龙角呈弧形向头后。颈细而屈弯呈"S"形,胸腹渐大。身刻鳞片纹,前爪见于胸腹下。后半龙身隐于王母方座,为王母像所掩。虎头硕大,朝向画面石侧。圆目、大鼻、张口,有虎须和鬃毛。虎颈粗壮,胸下见双爪,状若匍伏。虎身后半部隐于王母方座。

画面左下方立大行伯,正侧面向右。头上戴装饰。圆眼,长鼻和下颌向前长突,大嘴张开。腰间束带。手足精瘦。双手向前方(略下)平伸持戈。大行伯右前为西王母使者三鸟之一的青鸟。青鸟为写实之作:鸟头向右,圆头,圆眼,长喙,卵形鸟身,身刻羽翼,两细脚稍屈直立。青鸟右边、王母座前方为蟾蜍。蟾蜍正面而立,略作人形:圆眼,匾阔嘴、短颈,鼓腹。左前肢屈肘持弓,右前肢向外平伸,趾掌向下。左后腿蹲屈上勾,右后腿立地，如持弓舞蹈状。王母方座虎头右边（画面右侧）为西王母之役使——祥瑞九尾狐。九尾狐头向左望视王母。小头，长鼻，尖嘴，竖耳，体长。前肢短，后肢长而有力，是狐类动物写实之作。又再按神话传说"身有短翼，尾长而九歧"，在狐背上刻短双翼，狐尾长而高高向上翘起，尾上分出九支，犹如一根大羽毛。狐下方为玉兔，玉兔面向左，侧身而立。圆头，圆眼，竖耳，张嘴露牙，兔身直立，双腿直跪。双前肢持仙草向前（左）作供奉状。

画面下方各一组人物。左侧一人，头朝右，脚向左，匍匐跪在地上，目视前（右）方。头戴高帽，着袍，腰间束宽带，带上有纹饰。头前（右）方，地上置一小条几。右侧为二人并坐，似为一对夫妻。头戴帽，有帽饰，着交领衣，宽袍大袖，腰间束带，裙摆拖于右后方。有研究者称左一为墓主，右二为其已获永生之先祖。

此块画像砖为模制，也分成上半部分和下半部分二道合范，范线清晰。此块画像砖主要构图与成都地区出土的同类画像砖绝大部分相同，但西王母制作手法除头部、头上所戴的方胜为浮雕式块面加线条外，整个身躯不使用块面，包括衣纹在内全部采用简略的阳刻线条构成。与西王母瓶形龛柱、伞盖以及伞盖上下左右之云气纹线条相呼应，使画面上部以线条为主，下部以块面为主，从而形成上虚下实的空间对比。四周配以厚重的边框，使之灵动而不散乱，不失为四川汉代画像砖中的精品。

赘语：

笔者曾对四川地区，特别是成都地区出土的汉代画像砖进行深入研究对比，发现其中许多不同地域出土的同类画像砖，除砖体尺寸稍有出入外，其图案构成十分相似或完全相同。诸如"车骑""斧车""车马出行""单阙""双（凤）阙""庭园""宴饮（乐）"之类，以及本文介绍的"杂戏""西王母""弋射·收获""单阙门亭长"等，其画面的布局处理，某些造型细节，如车辐、马头、马尾、辔头、鞍鞯、伞盖、树木、人物衣纹，以及动物尾羽、房屋装饰、瓦垄、桥梁等等，其笔画线条长短、粗细、圆曲、转折、角度，甚至笔画多少［汉阙阙身纵横枋数、阙楼枝条数、阙檐上瓦垄（沟）数等］都完全相同，毫无两样。根据这一现象，笔者推测：这些不同地区的工匠，在生产画像砖的过程中，大多采用了同一个粉本，只是在泥坯压模生产时，出现了泥坯大小不同的规格。似乎可以这样认为,汉代在成都地区有一个或多个专门从事画像砖图案设计,甚或是生产刻制完整砖模模具的作坊,故而使得不同地区流传着相同甚至完全相同的画像砖图案,这似乎可以称作是一种比较合理的解释。至于异地贩购画像砖、图案砖的揣测,实在是不知汉砖数量的庞大、重量之重,贩运交通不易者的推想吧,故且不论。而近年来在邛崃汉墓群的清理发掘中发现有汉代窑址,也是很好的证明。

胡立嘉(执笔) 何吉民 植秀萍 赵军
2014 年 6 月 20 日
(原载《成都文物》2015 年)

碑 刻

　　碑刻，泛指刻石文字或图案。最早的碑刻文字，首推秦朝的石鼓文。多数碑刻有毛笔写件蓝本或书丹上石，但有些摩崖石刻及石窟，往往不经书写而直接用刀在石面上雕凿。无底本的碑刻不容易揣摩书写的笔法，即使根据真迹上石镌刻，也常存在笔意走样的问题。碑刻一般包括碑、建筑刻石、摩崖刻石、墓志等。碑由底座、碑身、碑额组成，底座有时雕成赑屃形象，碑额则浮雕成双龙盘绕，碑身镌刻碑文，有时碑文背面，即碑阴处或两侧均刻有文字。

高山寺摩崖石刻

高山寺摩崖石刻（明）

　　高山寺摩崖石刻位于孔明乡太阳社区高山寺遗址西南山岩上，坐西北向东南，依山开凿摩崖圆首石碑二通。碑1：明代弘治七年（公元1494年）建庙纪事碑，碑文字多有漫漶。顶上中心浮雕一太阳纹。其下从右至左阴刻"唵嘛呢叭咪吽"六字真言。碑两侧边阴刻波浪纹。碑2：为建庙、修娘娘殿、妆楼功德碑。碑上部中间阴刻一"佛"字，左右分刻"日""月"二字。碑文字多有漫漶。碑高2.2米，宽1米。碑2表面保留有白石灰所书"破四旧"三个大字，成为"文革"的历史印记。

磐陀寺摩崖石刻1

磐陀寺摩崖石刻（明）

磐陀寺摩崖石刻1位于临邛镇磐陀村的山崖上，坐东向西。在崖壁上开横长条形龛堂，边框长5米，高2.2米，从右至左阴刻楷体榜书"咏罂"二字，字宽2米，高1.8米。上款"大明崇祯癸酉暮春"（崇祯六年，公元1633年），下署"天官郎郡人杨伸书。大清光绪己丑梁厚森重修。雕字人刘杰"（光绪十五年，公元1889年）。

磐陀寺摩崖石刻2位于磐陀寺唐代摩崖石刻1号龛"西方三圣"旁大石上，竖排、阴刻行书"跌石"二字，字高、宽各0.6米。无款。

磐陀寺摩崖石刻1局部

竹溪摩崖石刻

竹溪摩崖石刻（宋）

竹溪摩崖石刻位于临邛镇柏树村竹溪南岸的岩壁上，小地名字匾岩。岩壁上开明堂长3.9米，高2.2米。从右至左阴刻楷书"竹溪"二字，竹字高1.05米，宽1.5米；溪字高1.3米，宽1.85米。款署"郡守张方书"，查为南宋嘉定丁丑，嘉定十年，公元1217年所刊。

中峰寺石刻（明）

中峰寺位于水口镇金山村。中峰寺始建于明代，其山上一带为唐宋时期佛教丛林，寺庙遗迹较多。现存石刻位于明代中峰寺遗址中部，包括佛像三尊、香炉一座、纪事碑一通以及残件若干。

石砌高大的长方形佛台，台后部中间石砌束腰须弥座。须弥座平面呈"亞"字形，长1.81米，宽1.08米，高1米。座中央起三重仰莲圆台，上层18瓣大莲瓣上各刻小坐佛一尊。小坐佛头上有髻，披帛分挂于双肩，袒上身，结跏趺坐于小莲座上，双手于胸前或腹下结手印。莲台上圆雕坐佛一尊，残高2.2米，颈部以上已毁。坐佛上身着垂领袈裟，前襟分披于

中峰寺石刻

两胁，袒胸露乳，胸前佩如意锁。下着长裙，腰间束带下垂。结跏趺坐，脚心朝天。左手持摩尼珠置于腹下；右手屈肘于胸前结说法印。佛座前左右分立二弟子。弟子像颈部以上无存。二弟子造型基本相同，通高2.2米，立于圆形矮莲台上。身着交领袈裟，缯带斜扣于肩。双手合十于胸前。下着长裙覆地，脚穿缝头僧鞋。鞋底有古钱纹。衣纹多呈直线下垂。

佛座前遗留明代石刻长方形香炉一个，长1米，宽0.84米，残高1.6米。整块青石刻成，分上下四台，下大上小，呈塔式造型，底脚炉身刻佛像一周，以上如廊

"重建碑记"石碑

道外凸一层，外沿浮雕佛像一周，佛像肩以上已毁。二层炉身内收，刻佛像一周。以上又如廊道外凸出一层，略小于下层，外沿浮雕佛像一周，佛像肩以上已毁。上层炉身内收，四角刻盘龙，中间刻建筑，屋脊以上不存。另有一石香炉残件，炉盘平面长方形，外壁弧圆形，浮雕佛、菩萨和花卉，有明代风格特征。炉盘内底开有长条形大卯孔，其上当另有构件，今不存。

遗址内现存"重建碑记"石碑一通。圆首单碑，长方形束腰碑座。座长 1.2 米，宽 0.5 米。碑宽 1 米，通高 2.3 米。字迹多有漫漶。是明代"万历十有一年岁次癸未隆冬大吕月望后二十有一日"（公元 1583 年），邛州州官"赐进士王廷简、文林郎王廷节"所撰记叙"万历丁丑夏"重修中峰寺经过的纪事碑。碑末署有"僧正司僧正莫、正真"。"万历丁丑"即明万历五年（公元 1577 年）。此碑为中峰寺明代寺庙提供了可靠的实物依据。僧正司的记载，也为明代邛州宗教管理机构提供了实物依据。

附录：
西竺天台山佛会寺全图
（印版，邛崃市文物管理局馆藏）

西竺天台山佛会寺全图，同治八年（公元 1869 年）木质印版，（1.2 米 ×0.6 米 ×0.2 米）。版上刊邛崃西路西门至天台山一带镇乡寺观示意图。

附录：邛崃市文物保护管理所关于对花园巷何宅等十九处民居古建筑依法进行挂牌保护的请示

市人民政府：

　　散落在我市城镇、乡村的清末民初的民居古建筑，是我市丰富的历史文化资源中重要构成部分，是打造历史文化名城、名镇，凸显今风古韵不可或缺的载体。由于近年来城市建设或建筑户主任意改建等原因，已造成部分民居建筑被拆、被毁，因此，为切实有效地加强保护，依据《文物法》和相关法律、法规的规定，特请示市政府对花园巷何宅等十九处民居建筑依法进行挂牌保护。

　　妥否，请批示。（后附十九处民居古建筑名单）

邛崃市文物保护管理所
二〇〇五年五月三十日

　　一、西街天主堂。
坐南向北，由圣堂、后三合院及东侧住房构成。
位置：临邛镇西街南侧。
时代：清光绪十七年建。
保存现状：完好。

　　二、牟礼吴圣堂。
中西结合，门楼为典型教堂，后院为川西民居，礼拜堂为中西结合。
位置：牟礼镇安民村东北方位300米。
时代：清代。
保存现状：完好。

　　三、东街何宅。
坐西向东，单檐悬山式木结构建筑四合院。
位置：临邛镇东街267号。
时代：清代。
保存现状：完好。

四、文脉巷18号民居。

坐西向东，单檐悬山式砖木结构建筑大四合院。

位置：临邛镇文脉巷18号。

时代：民国（民国初年原国民党西康省府民政厅厅长段某私宅，今为临邛镇敬老院）。

保存现状：完好。

五、花园巷何宅。

坐北向南，单檐悬山式木结构建筑三合院。

位置：临邛镇花园街10号附9号。

时代：清代。

保存现状：基本完好。

六、天庆街92号周宅。

坐西向东，单檐悬山式木结构建筑四合院。

位置：临邛镇天庆街北侧92号。

时代：清代。

保存现状：基本完好。

七、天庆街403号周宅。

坐北向南，两进日字形四合院。

位置：临邛镇天庆街403号。

时代：清代。

保存现状：基本完好。

八、青石桥严氏民居。

位置：临邛镇城西青石桥。

时代：清代。

保存现状：完好。

九、李杰泰民居。

坐南向北，重檐歇山式木结构建筑。
位置：原兴贤镇正街4号。
时代：清代。
保存现状：该建筑左半已拆毁，右半尚存。

十、西街137号赵宅。
坐南向北，单檐悬山式木结构建筑四合院。
位置：临邛镇西街137号。
时代：民国。
保存现状：完好。

十一、北街302号民居。
坐东向西，中西合璧式砖木结构复合院落。
位置：临邛镇北街东侧302号。
时代：民国。
保存现状：基本完好。

十二、火井政府大院。
坐南向北，平面为三进复合式院落，悬山式、穿斗抬梁木结构建筑。
位置：火井镇河南街41号。
时代：清代。
保存现状：完好。

十三、火井海屋。
坐北向南，平面呈二进日字形四合院。
位置：火井镇河北街。
时代：民国初年。
保存现状：基本完好。

十四、兴贤街140号民居。
坐西向东，原为烧房，仅存后四合院。
位置：临邛镇兴贤街140号。

时代：清代。
保存现状：基本完好。

十五、兴贤街123号民居。
坐东向西，悬山式穿斗木结构建筑。
位置：临邛镇兴贤街123号。
时代：清代。
保存现状：完好。

十六、文庙街林家院子。
坐北向南，正房为重檐悬山式，厢房、耳房为单檐悬山式。
位置：临邛镇文庙街10-19号。
时代：清代。
保存现状：基本完好。

十七、花龙门民居。
位置：邛崃市道佐乡寨沟村。
时代：清代。
保存现状：完好。

十八、蓝靛坊民居。
位置：邛崃市道佐乡万福村。
时代：清代。
保存现状：完好。

十九、陈家大院民居。
位置：邛崃市高何镇高兴村。
时代：清代。
保存现状：完好。

后 记

　　本书由邛崃市文体广新局原局长王茂楠先生于2011年提议编写，并多次与编写人员交流。其后由成都市志办、邛崃市志办、邛崃市文物局联合提议作为《邛崃文物图志》（不可移动文物）编写。编写内容为邛崃市境内国家级、省级、成都市级、邛崃市级文物保护单位和上点不可移动文物。基础资料主要来源为1986年《邛崃县全国第二次文物普查调查表》、2002年《邛崃市文物调查资料集》、2002年《邛崃市古建筑调查资料集》和2007年《邛崃市全国第三次文物普查调查表》。其唐代石刻摩崖造像部分参考成都市考古研究所、邛崃市文物局《邛崃摩崖石刻造像调查》。馆藏文物不列入编写范围，仅部分列为附录介绍。

　　本书的编写自2011年10月起，迄2013年11月，历时两年方脱稿。2014年至2017年5月，三年间虽经反复核查资料，部分重启现场勘测，数易其稿，但内容涉及面广，编写者水平有限，不妥之处仍然难免，敬请读者指正。

　　在正式出版时，出于文物工作的基本原则，我们对部分不可移动文物的具体位置做了必要的处理，在此一并说明。

编者
2017年5月6日